最新法律文件解读丛书

行政与执行法律文件解读

XINGZHENG YU ZHIXING FALÜ WENJIAN JIEDU

人民法院出版社 编

总第 230 辑 2024.02

人民法院出版社

图书在版编目（CIP）数据

行政与执行法律文件解读. 总第230辑 / 人民法院出版社编. -- 北京 : 人民法院出版社, 2024.6

（最新法律文件解读丛书）

ISBN 978-7-5109-4176-4

Ⅰ. ①行… Ⅱ. ①人… Ⅲ. ①行政法－法律解释－中国 Ⅳ. ①D922.105

中国国家版本馆CIP数据核字(2024)第111604号

行政与执行法律文件解读·总第230辑

人民法院出版社 编

责任编辑 赵杰琼
出版发行 人民法院出版社
地　　址 北京市东城区东交民巷27号 邮编 100745
电　　话 (010)67550656(责任编辑) 67550558(发行部查询)
　　　　　65223677(读者服务部)
客服QQ 2092078039
网　　址 http://www.courtbook.com.cn
E-mail courtbook@sina.com
印　　刷 三河市国英印务有限公司
经　　销 新华书店
开　　本 787毫米×1092毫米 1/16
字　　数 115千字
印　　张 8
版　　次 2024年6月第1版 2024年6月第1次印刷
书　　号 ISBN 978-7-5109-4176-4
定　　价 28.00元

卷首语

行政执法是行政机关履行政府职能、管理经济社会事务的重要方式。行政执法工作面广量大，一头连着政府，一头连着群众，直接关系群众对党和政府的信任、对法治的信心。罚款是较为常见的行政执法行为。为进一步提高罚款规定的立法、执法质量，规范和监督罚款设定与实施，2024 年 2 月 9 日，国务院发布了《关于进一步规范和监督罚款设定与实施的指导意见》（以下简称《意见》），本辑重点收录了《意见》及其答记者问，答记者问就罚款的设定、罚款的实施等方面进行解读，以便读者学习、掌握、适用。

在本辑的“指导案例、典型案例与解读”栏目，收录了《最高人民检察院关于印发最高人民检察院第五十批指导性案例的通知》，以期展现指导性案例的指导价值，为司法实践提供指引。本栏目还收录了人民法院依法保护农用地典型案例及其答记者问，帮助广大读者进一步牢固树立守好耕地保护红线和筑牢粮食安全底线的理念。

在本辑的“新类型疑难案例选评”栏目，收录了“原告赵某生诉被告温州市瓯海区市场监督管理局、第三人项某燕、赵某胜行政登记案——涉电子数据行政行为的司法审查路径”“林某某诉瑞安市人力资源和社会保障局、瑞安市人民政府基本养老保险待遇认定及规范性文件审查及行政复议案——对缺乏上位法明确依据的行政规范性文件进行附带性审查应持积极态度行克制审查”两篇案例评析文章，希望能为读者在司法实务中审理同类型案件提供有益参考。

最新法律文件解读丛书
编　辑　部

兰丽专　（010）67550626

丁丽娜　（010）67550608

杨晓燕　（010）67550508

杨　洁　（010）67550562

路建华　（010）67550660

赵杰琼　（010）67550656

投稿邮箱：

《刑事法律文件解读》　5184621@qq. com

《民事法律文件解读》　1216921515@qq. com

《商事法律文件解读》　shangshijiedu@126. com

《行政与执行法律文件解读》　1092123089@qq. com

目录

行政法规、法规性文件与解读

指导案例、典型案例与解读

新类型疑难案例选评

行政法规、法规性文件与解读

生态保护补偿条例

（2024 年 2 月 23 日国务院第 26 次常务会议通过
2024 年 4 月 6 日中华人民共和国国务院令第 779 号公布
自 2024 年 6 月 1 日起施行）

第一章　总　　则

第一条　为了保护和改善生态环境，加强和规范生态保护补偿，调动各方参与生态保护积极性，推动生态文明建设，根据有关法律，制定本条例。

第二条　在中华人民共和国领域及管辖的其他海域开展生态保护补偿及其相关活动，适用本条例。法律、行政法规另有规定的，依照其规定。

本条例所称生态保护补偿，是指通过财政纵向补偿、地区间横向补偿、市场机制补偿等机制，对按照规定或者约定开展生态保护的单位和个人予以补偿的激励性制度安排。生态保护补偿可以采取资金补偿、对口协作、产业转移、人才培训、共建园区、购买生态产品和服务等多种补偿方式。

前款所称单位和个人，包括地方各级人民政府、村民委员会、居民委员会、农村集体经济组织及其成员以及其他应当获得补偿的单位和个人。

第三条 生态保护补偿工作坚持中国共产党的领导，坚持政府主导、社会参与、市场调节相结合，坚持激励与约束并重，坚持统筹协同推进，坚持生态效益与经济效益、社会效益相统一。

第四条 县级以上人民政府应当加强对生态保护补偿工作的组织领导，将生态保护补偿工作纳入国民经济和社会发展规划，构建稳定的生态保护补偿资金投入机制。

县级以上人民政府依法可以通过多种方式拓宽生态保护补偿资金渠道。

第五条 国务院发展改革、财政、自然资源、生态环境、水行政、住房城乡建设、农业农村、林业草原等部门依据各自职责，负责生态保护补偿相关工作。

第六条 县级以上地方人民政府应当建立健全生态保护补偿工作的相关机制，督促所属部门和下级人民政府开展生态保护补偿工作。县级以上地方人民政府有关部门依据各自职责，负责生态保护补偿相关工作。

第七条 对在生态保护补偿工作中作出显著成绩的单位和个人，按照国家有关规定给予表彰和奖励。

第二章 财政纵向补偿

第八条 国家通过财政转移支付等方式，对开展重要生态环境要素保护的单位和个人，以及在依法划定的重点生态功能区、生态保护红线、自然保护地等生态功能重要区域开展生态保护的单位和个人，予以补偿。

第九条 对开展重要生态环境要素保护的单位和个人，中央财政按照下列分类实施补偿（以下称分类补偿）：

（一）森林；

（二）草原；

（三）湿地；

（四）荒漠；

（五）海洋；

（六）水流；

（七）耕地；

（八）法律、行政法规和国家规定的水生生物资源、陆生野生动植物资源等其他重要生态环境要素。

前款规定的补偿的具体范围、补偿方式应当统筹考虑地区经济社会发展水平、财政承受能力、生态保护成效等因素分类确定，并连同补偿资金的使用及其监督管理等事项依法向社会公布。中央财政分类补偿的具体办法由国务院主管部门会同其他有关部门分领域制定。

第十条　在中央财政分类补偿的基础上，按照中央与地方财政事权和支出责任划分原则，有关地方人民政府可以结合本地区实际建立分类补偿制度，对开展重要生态环境要素保护的单位和个人加大补偿力度。

法律、行政法规或者国务院规定要求由中央财政和地方财政共同出资实施分类补偿或者由地方财政出资实施分类补偿的，有关地方人民政府应当按照规定及时落实资金。

第十一条　中央财政安排重点生态功能区转移支付，结合财力状况逐步增加转移支付规模。根据生态效益外溢性、生态功能重要性、生态环境敏感性和脆弱性等特点，在重点生态功能区转移支付中实施差异化补偿，加大对生态保护红线覆盖比例较高地区支持力度。

国务院财政部门制定重点生态功能区转移支付管理办法，明确转移支付的范围和转移支付资金的分配方式。

第十二条　国家建立健全以国家公园为主体的自然保护地体系生态

保护补偿机制。中央财政和地方财政对开展自然保护地保护的单位和个人分类分级予以补偿，根据自然保护地类型、级别、规模和管护成效等合理确定转移支付规模。

第十三条 地方人民政府及其有关部门获得的生态保护补偿资金应当按照规定用途使用。

地方人民政府及其有关部门应当按照规定将生态保护补偿资金及时补偿给开展生态保护的单位和个人，不得截留、占用、挪用或者拖欠。

由地方人民政府统筹使用的生态保护补偿资金，应当优先用于自然资源保护、生态环境治理和修复等。

生态保护地区所在地有关地方人民政府应当按照国家有关规定，稳步推进不同渠道生态保护补偿资金统筹使用，提高生态保护整体效益。

第三章 地区间横向补偿

第十四条 国家鼓励、指导、推动生态受益地区与生态保护地区人民政府通过协商等方式建立生态保护补偿机制，开展地区间横向生态保护补偿。

根据生态保护实际需要，上级人民政府可以组织、协调下级人民政府之间开展地区间横向生态保护补偿。

第十五条 地区间横向生态保护补偿针对下列区域开展：

（一）江河流域上下游、左右岸、干支流所在区域；

（二）重要生态环境要素所在区域以及其他生态功能重要区域；

（三）重大引调水工程水源地以及沿线保护区；

（四）其他按照协议开展生态保护补偿的区域。

第十六条 对在生态功能特别重要的跨省、自治区、直辖市和跨自治州、设区的市重点区域开展地区间横向生态保护补偿的，中央财政和省级财政可以给予引导支持。

对开展地区间横向生态保护补偿取得显著成效的，国务院发展改革、财政等部门可以在规划、资金、项目安排等方面给予适当支持。

第十七条 开展地区间横向生态保护补偿，有关地方人民政府应当签订书面协议（以下称补偿协议），明确下列事项：

（一）补偿的具体范围；

（二）生态保护预期目标及其监测、评判指标；

（三）生态保护地区的生态保护责任；

（四）补偿方式以及落实补偿的相关安排；

（五）协议期限；

（六）违反协议的处理；

（七）其他事项。

确定补偿协议的内容，应当综合考虑生态保护现状、生态保护成本、生态保护成效以及地区经济社会发展水平、财政承受能力等因素。

生态保护地区获得的生态保护补偿资金，应当用于本地区自然资源保护、生态环境治理和修复、经济社会发展和民生改善等。需要直接补偿给单位和个人的，应当按照规定及时补偿，不得截留、占用、挪用或者拖欠。

第十八条 有关地方人民政府应当严格履行所签订的补偿协议。生态保护地区应当按照协议落实生态保护措施，生态受益地区应当按照约定积极主动履行补偿责任。

因补偿协议履行产生争议的，有关地方人民政府应当协商解决；协商不成的，报请共同的上一级人民政府协调解决，必要时共同的上一级人民政府可以作出决定，有关地方人民政府应当执行。

第十九条 有关地方人民政府在补偿协议期限届满后，根据实际需要续签补偿协议，续签补偿协议时可以对有关事项重新协商。

第四章　市场机制补偿

第二十条　国家充分发挥市场机制在生态保护补偿中的作用，推进生态保护补偿市场化发展，拓展生态产品价值实现模式。

第二十一条　国家鼓励企业、公益组织等社会力量以及地方人民政府按照市场规则，通过购买生态产品和服务等方式开展生态保护补偿。

第二十二条　国家建立健全碳排放权、排污权、用水权、碳汇权益等交易机制，推动交易市场建设，完善交易规则。

第二十三条　国家鼓励、支持生态保护与生态产业发展有机融合，在保障生态效益前提下，采取多种方式发展生态产业，推动生态优势转化为产业优势，提高生态产品价值。

发展生态产业应当完善农村集体经济组织和农村居民参与方式，建立持续性惠益分享机制，促进生态保护主体利益得到有效补偿。

地方各级人民政府应当根据实际需要，加快培育生态产品市场经营开发主体，充分发挥其在整合生态资源、统筹实施生态保护、提供专业技术支撑、推进生态产品供需对接等方面的优势和作用。

第二十四条　国家鼓励、引导社会资金建立市场化运作的生态保护补偿基金，依法有序参与生态保护补偿。

第五章　保障和监督管理

第二十五条　政府及其有关部门应当按照规定及时下达和核拨生态保护补偿资金，确保补偿资金落实到位。

政府及其有关部门应当加强对资金用途的监督管理，按照规定实施生态保护补偿资金预算绩效管理，完善生态保护责任落实的激励约束机制。

第二十六条 国家推进自然资源统一确权登记，完善生态保护补偿监测支撑体系，建立生态保护补偿统计体系，完善生态保护补偿标准体系，为生态保护补偿工作提供技术支撑。

第二十七条 国家完善与生态保护补偿相配套的财政、金融等政策措施，发挥财政税收政策调节功能，完善绿色金融体系。

第二十八条 国家建立健全统一的绿色产品标准、认证、标识体系，推进绿色产品市场建设，实施政府绿色采购政策，建立绿色采购引导机制。

第二十九条 政府和有关部门应当通过多种形式，加强对生态保护补偿政策和实施效果的宣传，为生态保护补偿工作营造良好社会氛围。

第三十条 政府和有关部门应当依法及时公开生态保护补偿工作情况，接受社会监督和舆论监督。

审计机关对生态保护补偿资金的管理使用情况依法进行审计监督。

第三十一条 截留、占用、挪用、拖欠或者未按照规定使用生态保护补偿资金的，政府和有关主管部门应当责令改正；逾期未改正的，可以缓拨、减拨、停拨或者追回生态保护补偿资金。

以虚假手段骗取生态保护补偿资金的，由政府和有关主管部门依法依规处理、处罚；构成犯罪的，依法追究刑事责任。

第三十二条 政府和有关部门及其工作人员在生态保护补偿工作中有失职、渎职行为的，依法依规追究责任。

第六章 附 则

第三十三条 本条例自 2024 年 6 月 1 日起施行。

司法部、国家发展和改革委员会负责人就《生态保护补偿条例》答记者问

2024年4月6日，国务院总理李强签署第779号国务院令，公布《生态保护补偿条例》（以下简称《条例》），自2024年6月1日起施行。日前，司法部、国家发展和改革委员会（以下简称国家发改委）负责人就《条例》有关问题回答了记者提问。

问：请简要介绍《条例》的出台背景。

答：生态保护补偿制度是生态文明制度的重要组成部分。党的十八大以来，以习近平同志为核心的党中央将建立健全生态保护补偿机制作为建设生态文明的重要举措，统筹谋划、全面推进生态保护补偿制度及相关领域改革，生态保护补偿工作加速推进。2016年，国务院办公厅印发《关于健全生态保护补偿机制的意见》。2021年，中共中央办公厅、国务院办公厅印发《关于深化生态保护补偿制度改革的意见》。目前，我国基本建成世界上覆盖范围最广、受益人口最多、投入力度最大的生态保护补偿机制，覆盖森林、草原、湿地、荒漠、海洋、水流、耕地等生态环境要素，跨地区跨流域生态保护补偿试点取得明显进展，为巩固生态文明建设成果、巩固拓展脱贫攻坚成果、推动区域协调可持续发展等发挥了重要作用。

我国生态保护补偿工作在取得显著成效的同时，也存在一些亟待解决的突出问题，比如补偿覆盖范围有限，重点不够突出，奖惩力度偏弱，相关主体协调难度大等。从制度层面看，生态保护补偿相关制度规范散见于

一些文件和法律、行政法规中，有关内容不够系统全面，亟须制定一部基础性、综合性行政法规，发挥法治固根本、稳预期、利长远的作用。

国家发改委在深入调查研究、广泛听取意见并向社会公开征求意见的基础上，向国务院报送了送审稿。司法部征求了中央有关部门和单位、地方人民政府、学术机构、协会、律师事务所、企业等的意见，赴实地进行专题调研，就重点问题与有关方面多次沟通协调，会同国家发改委等部门共同修改形成了《条例》草案。

问：制定《条例》的总体思路是什么？

答：《条例》深入贯彻习近平新时代中国特色社会主义思想特别是习近平生态文明思想和习近平法治思想，主要遵循以下思路：一是坚持问题导向，聚焦当前存在的问题，完善制度措施，落实好党中央、国务院关于生态保护补偿的决策部署，将行之有效的经验做法以行政法规形式固定下来。二是把握好《条例》作为生态保护补偿基础性、综合性行政法规的定位，重在确立生态保护补偿基本制度规则，同时做好与相关法律法规的衔接。三是坚持统筹协同推进，相关制度设计既立足当前实际，保持现有政策制度的连续性、稳定性，又为今后各地区各部门结合实际继续探索创新留出必要制度空间。

问：生态保护补偿的含义是什么？生态保护补偿的方式有哪些？

答：《条例》明确规定，生态保护补偿是指通过财政纵向补偿、地区间横向补偿、市场机制补偿等机制，对按照规定或者约定开展生态保护的单位和个人予以补偿的激励性制度安排。生态保护补偿可以采取资金补偿、对口协作、产业转移、人才培训、共建园区、购买生态产品和服务等多种补偿方式。

问：开展生态保护补偿工作应当遵循哪些原则？

答：《条例》明确规定，生态保护补偿工作坚持中国共产党的领导，坚持政府主导、社会参与、市场调节相结合，坚持激励与约束并重，坚持统筹协同推进，坚持生态效益与经济效益、社会效益相统一。

问：关于政府及其有关部门在生态保护补偿工作中的职责，《条

例》作了哪些规定？

答：一是县级以上人民政府应当加强对生态保护补偿工作的组织领导，将生态保护补偿工作纳入国民经济和社会发展规划，构建稳定的生态保护补偿资金投入机制。二是国务院发展改革、财政、自然资源、生态环境、水行政、住房城乡建设、农业农村、林业草原等部门依据各自职责，负责生态保护补偿相关工作。三是县级以上地方人民政府应当建立健全生态保护补偿工作的相关机制，督促所属部门和下级人民政府开展生态保护补偿工作；县级以上地方人民政府有关部门依据各自职责，负责生态保护补偿相关工作。

问：在规范财政纵向补偿方面，《条例》作了哪些规定？

答：一是国家通过财政转移支付等方式，对开展重要生态环境要素保护的单位和个人，以及在依法划定的重点生态功能区、生态保护红线、自然保护地等生态功能重要区域开展生态保护的单位和个人，予以补偿。二是对开展重要生态环境要素保护的单位和个人，中央财政按照森林、草原、湿地、荒漠、海洋、水流、耕地等分类实施补偿；补偿的具体范围、补偿方式应当统筹考虑地区经济社会发展水平、财政承受能力、生态保护成效等因素分类确定，并连同补偿资金的使用及其监督管理等事项依法向社会公布。三是有关地方人民政府可以结合实际建立分类补偿制度，对开展重要生态环境要素保护的单位和个人加大补偿力度。四是中央财政安排重点生态功能区转移支付，结合财力状况逐步增加转移支付规模；根据生态效益外溢性、生态功能重要性、生态环境敏感性和脆弱性等特点，在重点生态功能区转移支付中实施差异化补偿，加大对生态保护红线覆盖比例较高地区支持力度。五是国家建立健全以国家公园为主体的自然保护地体系生态保护补偿机制；中央财政和地方财政对开展自然保护地保护的单位和个人分类分级予以补偿，根据自然保护地类型、级别、规模和管护成效等合理确定转移支付规模。六是地方人民政府及其有关部门获得的生态保护补偿资金应当按照规定用途使用；地方人民政府及其有关部门应当按照规定将生态保护补偿资金及时补偿给开展生态保护的单位和个人，不得截留、占用、挪用或者拖欠；由地方人民政府统筹使用的生态保护补偿资金，应当优先用于自然资源保护、生态环境治理和修复等；有关地方人民政府应当按照国家有关规定稳步推进不同渠道生态保护补偿资金统筹使用。

问：在完善地区间横向补偿方面，《条例》作了哪些规定？

答：一是国家鼓励、指导、推动生态受益地区与生态保护地区人民政府通过协商等方式建立生态保护补偿机制；上级人民政府可以组织、协调下级人民政府之间开展地区间横向生态保护补偿。二是地区间横向生态保护补偿针对江河流域上下游、左右岸、干支流所在区域，重要生态环境要素所在区域以及其他生态功能重要区域，重大引调水工程水源地以及沿线保护区等区域开展。三是对在生态功能特别重要的跨省、自治区、直辖市和跨自治州、设区的市重点区域开展地区间横向生态保护补偿的，中央财政和省级财政可以给予引导支持；对开展地区间横向生态保护补偿取得显著成效的，国务院发展改革、财政等部门可以在规划、资金、项目安排等方面给予适当支持。四是开展地区间横向生态保护补偿，有关地方人民政府应当签订书面协议并严格履行。

问：在推进市场机制补偿方面，《条例》作了哪些规定？

答：一是国家充分发挥市场机制在生态保护补偿中的作用，推进生态保护补偿市场化发展，拓展生态产品价值实现模式；鼓励企业、公益组织等社会力量以及地方人民政府按照市场规则，通过购买生态产品和服务等方式开展生态保护补偿。二是国家建立健全碳排放权、排污权、用水权、碳汇权益等交易机制，推动交易市场建设，完善交易规则。三是国家鼓励、支持生态保护与生态产业发展有机融合，在保障生态效益前提下，采取多种方式发展生态产业，推动生态优势转化为产业优势，提高生态产品价值。四是国家鼓励、引导社会资金建立市场化运作的生态保护补偿基金，依法有序参与生态保护补偿。

问：在强化保障和监督管理方面，《条例》作了哪些规定？

答：一是政府及其有关部门应当按照规定及时下达和核拨生态保护

补偿资金，加强对资金用途的监督管理，按照规定实施生态保护补偿资金预算绩效管理，完善对生态保护责任落实的激励约束机制；对截留、占用、挪用、拖欠或者未按照规定使用资金且逾期未改正的，可以缓拨、减拨、停拨或者追回资金。二是国家推进自然资源统一确权登记，完善生态保护补偿监测支撑体系，建立生态保护补偿统计体系，完善生态保护补偿标准体系，为生态保护补偿工作提供技术支撑。三是国家完善与生态保护补偿相配套的财政、金融等政策措施，发挥财政税收政策调节功能，完善绿色金融体系。四是国家建立健全统一的绿色产品标准、认证、标识体系，推进绿色产品市场建设，实施政府绿色采购政策，建立绿色采购引导机制。五是政府和有关部门应当通过多种形式，加强对生态保护补偿政策和实施效果的宣传。六是政府和有关部门应当依法及时公开生态保护补偿工作情况，接受社会监督和舆论监督；审计机关对生态保护补偿资金的管理使用情况依法进行审计监督。

问：为确保《条例》顺利实施，需要重点做好哪些工作？

答：为确保《条例》顺利实施，国家发改委将会同司法部等有关部门做好以下工作：一是加大宣传解读力度。《条例》的专业性较强，要采取多种方式做好《条例》的宣传解读和培训指导，帮助有关部门工作人员、生态保护主体等单位和个人更好地掌握《条例》内容，为《条例》顺利实施营造良好环境。二是抓紧完善有关配套规定。国家发改委将会同有关部门及时完善配套规定，把《条例》的内容进一步落实落细。三是建立健全相关领域配套措施。《条例》对推进自然资源统一确权登记，建立完善生态保护补偿监测支撑体系、统计体系、标准体系，建立健全统一的绿色产品标准、认证、标识体系等配套措施作了明确规定，下一步将以《条例》实施为契机，统筹整合各方面力量，加快建立健全相关领域配套措施，为生态保护补偿工作提供政策支持和技术支撑。

（来源：司法部网站）

国务院
关于进一步规范和监督罚款设定与实施的指导意见

2024年2月9日　　国发〔2024〕5号

各省、自治区、直辖市人民政府，国务院各部委、各直属机构：

行政执法是行政机关履行政府职能、管理经济社会事务的重要方式。行政执法工作面广量大，一头连着政府，一头连着群众，直接关系群众对党和政府的信任、对法治的信心。罚款是较为常见的行政执法行为。为进一步提高罚款规定的立法、执法质量，规范和监督罚款设定与实施，现就行政法规、规章中罚款设定与实施提出以下意见。

一、总体要求

（一）指导思想。以习近平新时代中国特色社会主义思想为指导，深入学习贯彻习近平法治思想，全面贯彻落实党的二十大精神，立足新发展阶段，完整、准确、全面贯彻新发展理念，加快构建新发展格局，严格规范和有力监督罚款设定与实施，强化对违法行为的预防和惩戒作用，提升政府治理能力，维护经济社会秩序，切实保护企业和群众合法权益，优化法治化营商环境，推进国家治理体系和治理能力现代化。

（二）基本原则。坚持党的领导，把坚持和加强党的领导贯穿于规范和监督罚款设定与实施工作的全过程和各方面。坚持以人民为中心，努力让企业和群众在每一个执法行为中都能看到风清气正、从每一项执法决定中都能感受到公平正义。坚持依法行政，按照处罚法定、公正公开、过罚相当、处罚与教育相结合的要求，依法行使权力、履行职责、承担责任。坚持问题导向，着力破解企业和群众反映强烈的乱罚款等突出问题。

（三）主要目标。罚款设定更加科学，罚款实施更加规范，罚款监督更加有力，全面推进严格规范公正文明执法，企业和群众的满意度显著提升。

二、依法科学设定罚款

（四）严守罚款设定权限。法律、法规对违法行为已经作出行政处罚规定但未设定罚款的，规章不得增设罚款。法律、法规已经设定罚款但未规定罚款数额的，或者尚未制定法律、法规，因行政管理迫切需要依法先以规章设定罚款的，规章要在规定的罚款限额内作出具体规定。规章设定的罚款数额不得超过法律、法规对相似违法行为规定的罚款数额，并要根据经济社会发展情况适时调整。鼓励跨行政区域按规定联合制定统一监管制度及标准规范，协同推动罚款数额、裁量基准等相对统一。

（五）科学适用过罚相当原则。行政法规、规章新设罚款和确定罚款数额时，要坚持过罚相当，做到该宽则宽、当严则严，避免失衡。要综合运用各种管理手段，能够通过教育劝导、责令改正、信息披露等方式管理的，一般不设定罚款。实施罚款处罚无法有效进行行政管理时，要依法确定更加适当的处罚种类。设定罚款要结合违法行为的事实、性质、情节以及社会危害程度，统筹考虑经济社会发展水平、行业特点、地方实际、主观过错、获利情况、相似违法行为罚款规定等因素，区分情况、分类处理，确保有效遏制违法、激励守法。制定行政法规、规章时，可以根据行政处罚法第三十二条等规定，对当事人为盲人、又聋又哑的人或者已满75周岁的人等，结合具体情况明确罚款的从轻、减轻情形；根据行政处罚法第三十三条等规定，细化不予、可以不予罚款情形；参考相关法律规范对教唆未成年人等的从重处罚规定，明确罚款的从重情形。

（六）合理确定罚款数额。设定罚款要符合行政处罚法和相关法律规范的立法目的，一般要明确罚款数额，科学采用数额罚、倍数（比例）罚等方法。规定处以一定幅度的罚款时，除涉及公民生命健康安全、金融安全等情形外，罚款的最低数额与最高数额之间一般不超过10倍。各地区、各部门要根据地域、领域等因素，适时调整本地区、本部门规定的适用听证程序的“较大数额罚款”标准。同一行政法规、规章对不同违法行为设定罚款的要相互协调，不同行政法规、规章对同一个违法行为设定罚款的要相互衔接，避免畸高畸低。拟规定较高起罚数额的，要充分听取专家学者等各方面意见，参考不同领域的相似违法行为或者同一领域的不同违法行为的罚款数额。起草法律、行政法规、地方性法规时，需要制定涉及罚款的配套规定的，有关部门要统筹考虑、同步研究。

（七）定期评估清理罚款规定。国务院部门和省、自治区、直辖市人民政府及其有关部门在落实行政处罚定期评估制度、每5年分类分批组织行政处罚评估时，要重点评估设定时间较早、罚款数额较大、社会关注度较高、与企业和群众关系密切的罚款规定。对评估发现有不符合上位法规定、不适应经济社会发展需要、明显过罚不当、缺乏针对性和实用性等情形的罚款规定，要及时按照立法权限和程序自行或者建议有权机关予以修改或者废止。各地区、各部门以行政规范性文件形式对违法所得计算方式作出例外规定的，要及时清理；确有必要保留的，要依法及时通过法律、行政法规、部门规章予以明确。

（八）及时修改废止罚款规定。国务院决定取消行政法规、部门规章中设定的罚款事项的，自决定印发之日起暂时停止适用相关行政法规、部门规章中的有关罚款规定。国务院决定调整行政法规、部门规章中设定的罚款事项的，按照修改后的相关行政法规、部门规章中的有关罚款规定执行。国务院有关部门要自决定印发之日起60日内向国务院报送相关行政法规修改方案，并完成相关部门规章修改或者废止工作，部门规章需要根据修改后的行政法规调整的，要自相关行政法规公布之日起60日内完成修改或者废止工作。因特殊原因无法在上述期限内完成部门规章修改或者废止工作的，可以适当延长，但延长期限最多不得超过30日。罚款事项取消后，有关部门要依法认真研究，严格落实监管责任，着力加强事中事后监管，完善监管方法，规范监管程序，提高监管的科学性、简约性和精准性，进一步提升监管效能。

三、严格规范罚款实施

（九）坚持严格规范执法。要严格按照法律规定和违法事实实施罚款，不得随意给予顶格罚款或者高额罚款，不得随意降低对违法行为的认定门槛，不得随意扩大违法行为的范围。对违法行为的事实、性质、情节以及社会危害程度基本相似的案件，要确保罚款裁量尺度符合法定要求，避免类案不同罚。严禁逐利罚款，严禁对已超过法定追责期限的违法行为给予罚款。加大对重点领域的执法力度，对严重违法行为，要依法落实“处罚到人”要求，坚决维护企业和群众合法权益。行政机关实施处罚时应当责令当事人改正或者限期改正违法行为，不得只罚款而不纠正违法行为。

（十）坚持公正文明执法。国务院部门和省、自治区、直辖市人民政府及其有关部门要根据不同地域、领域等实际情况，科学细化行政处罚法第三十二条、第三十三条规定的适用情形。行政机关实施罚款等处罚时，要统筹考虑相关法律规范与行政处罚法的适用关系，符合行政处罚法第三十二条规定的从轻、减轻处罚或者第三十三条等规定的不予、可以不予处罚情形的，要适用行政处罚法依法作出相应处理。鼓励行政机关制定不予、可以不予、减轻、从轻、从重罚款等处罚清单，依据行政处罚法、相关法律规范定期梳理、发布典型案例，加强指导、培训。制定罚款等处罚清单或者实施罚款时，要统筹考虑法律制度与客观实际、合法性与合理性、具体条款与原则规定，确保过罚相当、法理相融。行政执法人员要文明执法，尊重和保护当事人合法权益，准确使用文明执法用语，注重提升行政执法形象，依法文明应对突发情况。行政机关要根据实际情况，细化对行政执法人员的追责免责相关办法。

（十一）坚持处罚与教育相结合。认真落实“谁执法谁普法”普法责任制，将普法教育贯穿于行政处罚全过程，引导企业和群众依法经营、自觉守法，努力预防和化解违法风险。要充分考虑社会公众的切身感受，确保罚款决定符合法理，并考虑相关事理和情理，优化罚款决定延期、分期履行制度。要依法广泛综合运用说服教育、劝导示范、指导约谈等方式，让执法既有力度又有温度。总结证券等领域经验做法，在部分领域研究、探索运用行政和解等非强制行政手段。鼓励行政机关建立与企业和群众常态化沟通机制，加强跟进帮扶指导，探索构建“预防为主、轻微免罚、重违严惩、过罚相当、事后回访”等执法模式。

（十二）持续规范非现场执法。县级以上地方人民政府有关部门、乡镇人民政府（街道办事处）要在2024年12月底前完成执法类电子技术监控设备（以下简称监控设备）清理、规范工作，及时停止使用不合法、不合规、不必要的监控设备，清理结果分别报本级人民政府、上级人民政府；每年年底前，县级以上地方人民政府有关部门、乡镇人民政府（街道办事处）要分别向本级人民政府、上级人民政府报告监控设备新增情况，司法行政部门加强执法监督。利用监控设备收集、固定违法事实的，应当经过法制和技术审核，根据监管需要确定监控设备的设置地点、间距和数量等，设置地点要有明显可见的标识，投入使用前要及时向社会公布，严禁为增加罚款收入脱离实际监管需要随意设置。要确保计量准确，未经依法检定、逾期未检定或者检定不合格的，不得使用。要充分运用大数据分析研判，对违法事实采集量、罚款数额畸高的监控设备开展重点监督，违法违规设置或者滥用监控设备的立即停用，限期核查评估整改。

四、全面强化罚款监督

（十三）深入开展源头治理。坚决防止以罚增收、以罚代管、逐利罚款等行为，严格规范罚款，推进事中事后监管法治化、制度化、规范化。对社会关注度较高、投诉举报集中、违法行为频繁发生等罚款事项，要综合分析研判，优化管理措施，不能只罚不管；行政机关不作为的，上级行政机关要加强监督，符合问责规定的，严肃问责。要坚持系统观念，对涉及公共安全和群众生命健康等行业、领域中的普遍性问题，要推动从个案办理到类案管理再到系统治理，实现“办理一案、治理一类、影响一域”。

（十四）持续加强财会审计监督。行政机关要将应当上缴的罚款收入，按照规定缴入国库，任何部门、单位和个人不得截留、私分、占用、挪用或者拖欠。对当事人不及时足额缴纳罚款的，行政机关要及时启动追缴程序，履行追缴职责。坚决防止罚款收入不合理增长，严肃查处罚款收入不真实、违规处置罚款收入等问题。财政部门要加强对罚缴分离、收支两条线等制度实施情况的监督，会同有关部门按规定开展专项监督检查。要依法加强对罚款收入的规范化管理，强化对罚款收入异常变化的监督，同一地区、同一部门罚款收入同比异常上升的，必要时开展实地核查。强化中央与地方监督上下联动，压实财政、审计等部门的监督责任。

（十五）充分发挥监督合力。各地区、各部门要健全和完善重大行政处罚备案制度和行政执法统计年报制度。县级以上地方人民政府司法行政部门要加强案卷评查等行政执法监督工作，对违法或者明显过罚不当的，要督促有关行政机关予以改正；对不及时改正的，要报请本级人民政府责令改正。拓宽监督渠道，建立行政执法监督与12345政务服务便民热线等监督渠道的信息共享工作机制。充分发挥行政复议化解行政争议的主渠道作用，促进行政复议案件繁简分流，依法纠正违法或者不当的罚款决定。对罚款决定被依法变更、撤销、确认违法或者确认无效的，有关行政机关和财政部门要及时办理罚款退还等手续。加大规章备案审查力度，审查发现规章违法变更法律、行政法规、地方性法规规定的罚款实施主体、对象范围、行为种类或者数额幅度的，要及时予以纠正，切实维护国家法制统一。要加强分析研判和指导监督，收集梳理高频投诉事项和网络舆情，对设定或者实施罚款中的典型违法问题予以及时通报和点名曝光，依法依规对相关人员给予处分。

各地区、各部门要将规范和监督罚款设定与实施，作为提升政府治理能力、维护公共利益和社会秩序、优化营商环境的重要抓手，认真贯彻实施行政处罚法和《国务院关于进一步贯彻实施〈中华人民共和国行政处罚法〉的通知》（国发〔2021〕26号）等，系统梳理涉及罚款事项的行政法规、规章，加快修改完善相关制度。司法部要加强统筹协调监督，组织推动完善行政处罚制度、做好有关解释答复工作，指导监督各地区、各部门抓好贯彻实施，重要情况和问题及时报国务院。

司法部相关负责人就《国务院关于进一步规范和监督罚款设定与实施的指导意见》答记者问

2024年2月9日，《国务院关于进一步规范和监督罚款设定与实施的指导意见》（以下简称《意见》）公开发布。国务院新闻办公室于2024年2月28日下午举行国务院政策例行吹风会，司法部相关负责人介绍《意见》有关情况，并答记者问。

问：如何规范罚款的设定？

答：一是防止过度设置罚款事项。对于能够通过教育劝导、责令改正、信息披露等方式管理的，一般不设定罚款。实施罚款处罚无法有效进行管理时，要依法确定更加适当的处罚种类。要确保设定的罚款事项能够有效遏制违法，激励守法。

二是要求设定罚款应该统筹均衡。针对处罚设定不均衡问题，规定同一行政法规、规章对不同违法行为设定罚款的要相互协调，不同行政法规、规章对同一个违法行为设定罚款的要相互衔接。总的就是，要从设定上解决目前罚款规定存在有不协调的问题，这个主要是对立法者提出了更高的要求。针对一些罚款设定的倍数罚差距过大的问题，规定罚款的最低数额与最高数额之间一般不超过10倍。针对有的罚款起罚数额偏高、不易执行等问题，《意见》也强调，拟规定较高起罚数额的，要充分听取专家学者等各方面意见，参考不同领域的相似违法行为或者同一领域的不同违法行为的罚款数额。同时，《意见》也鼓励跨行政区域按规定联合制定统一的监管制度和标准规范，协同推动罚款数额、裁量基准等相对统一。这主要是解决相邻区域之间标准尽量要统一，避免过大差异的问题。这是对罚款的设定。

问：如何规范罚款的实施？

答：一是实施罚款要符合过罚相当原则，当轻则轻、该重则重。要根据不同区域领域实际情况，科学细化从轻、减轻、不予处罚、可以不予处罚的相关情形；对符合相关法定情形的，要适用行政处罚法依法作出相应处理。对安全生产、生命健康、产品质量等重点领域要加大执法力度，对严重违法行为，要依法落实“处罚到人”要求，坚决维护企业和群众合法权益。

二是罚款决定要符合法理、事理和情理。罚款决定要充分考虑社会公众的切身感受，确保罚款决定符合法理，并要考虑相关事理和情理，同时要优化罚款决定延期、分期履行制度。鼓励行政机关建立与企业和群众常态化沟通机制，加强跟进帮扶指导，探索构建“预防为主、轻微免罚、重违严惩、过罚相当、事后回访”等执法模式。

三是对规范电子技术监控设备提出新要求。明确提出到2024年12月底前，对执法类电子技术监控设备开展一次全面清理、规范工作。并且还明确，每年年底前，县级以上地方人民政府有关部门、乡镇（街道）要分别向本级人民政府、上级人民政府报告监控设备新增情况。对此，司法行政部门要加强执法监督。

问：在具体实施中如何把握过罚相当的原则？

答：一是细化“过”与“罚”的考量因素。要求统筹考虑当事人的主观过错、获利情况，具体化了“过”与“罚”的考量因素。同时，提出考虑经济社会发展水平、行业特点、地方实际、对相似违法行为罚款规定等因素，区分情况、分类处理，细化了合理设定罚款的考量因素，该宽则宽、当严则严。

二是明确单行法和行政处罚法的适用关系。行政机关实施罚款等处罚时，如果单独适用单行法进行处罚难以体现过罚相当原则，但符合行政处罚法规定的从轻、减轻、不予、可以不予处罚等情形的，要适用行政处罚法。

三是通过制定清单和发布典型案例加强执法指引。鼓励行政机关制定不予、可以不予、减轻、从轻、从重罚款等处罚清单，依据行政处罚法、相关法律规范定期梳理、发布典型案例，加强指导、培训。

问：针对以罚增收、以罚代管、逐利罚款等不当罚款行为，如何进行有效的监督治理？

答：一是强调三个“不得”、两个“严禁”。要求罚款既要合法又要适当。一方面，不得随意给予顶格罚款或者高额罚款，不得随意降低对违法行为的认定门槛，不得随意扩大违法行为的范围。换句话说，罚款不能随意，过罚要相当，处罚要精准，规定有一定幅度的罚款，不能直接用最高额或者最高一档来实施罚款；要坚持大错大罚、小错小罚，不能小错重罚、大错轻罚，把不该罚的罚了，该轻罚的重罚了，该重罚的轻罚了。另一方面，就是两个“严禁”，严禁逐利罚款，严禁对已超过法定追责期限的违法行为给予罚款，画了一条红线。

二是对于违法行为的事实、性质、情节以及社会危害程度基本相似的案件，要确保罚款裁量尺度符合法定要求，避免类案不同罚。解决这个问题，主要是靠制定行政裁量权基准。之前，国务院办公厅印发的《关于进一步规范行政裁量权基准制定和管理工作的意见》对此提出了全面要求，要求各地、各部门要按照文件抓紧制定、修改、公布行政裁量权基准，对法律、法规、规章中的原则性规定或者具有一定弹性的执法权限、裁量幅度进行细化量化。特别是对于罚款数额有一定幅度的，要在最高额与最低额之间划分阶次，尽量压缩裁量空间。

三是深入开展源头治理。对于社会关注度较高、投诉举报集中、违法行为频繁发生等罚款事项，要综合分析研判，针对性优化管理措施，不能只罚不管。对于涉及公共安全和群众生命健康的行业、领域中的普遍性问题，要举一反三，推动从个案办理到类案管理再到系统治理，实现“办理一案、治理一类、影响一域”。

四是加大通报和曝光力度。要加强分析研判和指导监督，收集梳理高频投诉事项和网络舆情，对设定或者实施罚款中的典型违法问题予以及时通报、点名曝光，依法依规对相关人员给予处分。

问：如何规范非现场执法？

答：第一，管好两个“量”。一是清理和规范“存量”。县级以上地方政府有关部门、乡镇人民政府（街道办事处）要完成执法类电子技术监控设备清理、规范工作，具体的是要及时停止使用不合法、不合规、不必要的监控设备，清理的结果要分别报本级政府和上级政府。近年来，有的省已经开展了对电子技术监控设备的专项清理工作，有的还制定了相应的管理办法，都取得了非常好的效果。二是监督和报告“增量”。也就是建立监控设备新增情况年度报告制度，要增加它的公开性和透明度，要接受各方面的监督。

第二，严把三道“关”。一是严把法制审核“关”。利用监控设备收集、固定违法事实的，应当经过法制审核。要根据监管需要确定监控设备的设置地点、间距和数量等，设置地点要有明显可见的标志，投入使用前要及时向社会公布，严禁为增加罚款收入脱离实际监管需要随意设置。二是严把技术审核“关”。利用监控设备收集、固定违法事实的，应当经过技术审核。主要是要求确保设备计量准确，没有经过依法检定的、逾期没有检定的或者经检定不合格的不得使用。三是严把执法监督“关”。要充分运用大数据分析研判，对违法事实采集量、罚款数额畸高的监控设备开展重点监督。违法违规设置，或者滥用监控设备的立即停用，限期核查评估整改。《意见》还特别强调，各级司法行政部门要加强对此执法监督，督促落实到位。

（来源：中国政府网）

指导案例、典型案例与解读

最高人民检察院
关于印发最高人民检察院第五十批指导性案例的通知

2024年2月22日

各省、自治区、直辖市人民检察院，解放军军事检察院，新疆生产建设兵团人民检察院：

经2023年12月29日最高人民检察院第十四届检察委员会第十九次会议决定，现将“隋某某利用网络猥亵儿童，强奸，敲诈勒索，制作、贩卖、传播淫秽物品牟利案”等五件案例（检例第200—204号）作为第五十批指导性案例（未成年人网络保护主题）发布，供参照适用。

隋某某利用网络猥亵儿童，强奸，敲诈勒索制作、贩卖、传播淫秽物品牟利案

（检例第200号）

【关键词】

未成年人网络保护　隔空猥亵　强奸　阻断传播　网络保护综合治理

【要旨】

对性侵害未成年人犯罪要依法从严惩处。行为人实施线上猥亵犯罪行为后，又以散布私密照片、视频相要挟，强迫未成年被害人与其发生性关系的，构成两个独立的犯罪行为，应分别认定为猥亵儿童罪和强奸罪。办案中发现未成年被害人私密照片、视频在互联网传播扩散的，检察机关应当及时协调有关部门删除信息、阻断传播。检察机关要能动发挥法律监督职能，积极推动各方协同发力，共同加强未成年人网络保护。

【基本案情】

被告人隋某某，男，2002年12月6日出生，无业。

被害人刘某某，女，2009年2月27日出生，学生。

2022年1月，隋某某通过网络社交软件添加未成年被害人刘某某为好友，随后多次向刘某某发送淫秽视频，并威胁、诱导刘某某自拍裸照、裸体视频发送其观看。2022年2月8日、15日，隋某某以传播刘某某裸照、裸体视频相威胁，两次强迫刘某某与其发生性关系。隋某某

还以传播照片、视频相威胁，先后三次向刘某某索要钱财，共计得款人民币 840 元。2022 年 3 月 5 日，隋某某将编辑后的刘某某视频以 5 元一件的价格出售给王某某等多人，其中 7 人为未成年学生，获利人民币 50 元。

【检察机关履职过程】

审查逮捕。2022 年 3 月 11 日，班主任发现刘某某表现异常后报警。山东省某市公安局某区分局于当日将隋某某抓获。2022 年 4 月 11 日，公安机关以隋某某涉嫌强奸罪，敲诈勒索罪，制作、贩卖、传播淫秽物品牟利罪向山东省某市某区人民检察院提请批准逮捕。公安机关认为，利用网络实施猥亵是犯罪嫌疑人实现强奸犯罪的手段，应按强奸一罪处理。检察机关审查认为，本案系性侵害未成年人犯罪，情节恶劣，严重损害未成年人身心健康，应当依法从严惩处。根据本案证据，隋某某最初系以刺激、满足性欲为目的，要求被害人拍摄裸照、裸体视频发送供其观看。收到被害人照片、视频后，认为被害人易哄骗、好控制，继而又产生与被害人发生性关系的犯罪意图，后实施强奸行为。本案猥亵行为与强奸行为相隔 9 天，具有明显的时空间隔，猥亵行为和强奸行为给被害人造成两次不同性质和程度的伤害。隋某某的线上猥亵是独立的犯罪行为，因此不宜评价为强奸犯罪的手段，应当认定为猥亵儿童罪。检察机关在依法批准逮捕隋某某的同时，与公安机关及时沟通，明确补充侦查方向，督促进一步查清隋某某实施猥亵儿童犯罪的事实。

审查起诉及处理结果。2022 年 6 月 17 日，公安机关以隋某某涉嫌猥亵儿童罪，强奸罪，敲诈勒索罪，制作、贩卖、传播淫秽物品牟利罪移送检察机关审查起诉。2022 年 7 月 15 日，检察机关向人民法院提起公诉。2022 年 8 月 11 日，人民法院作出判决，对隋某某以猥亵儿童罪判处有期徒刑一年六个月；以强奸罪判处有期徒刑八年六个月；以敲诈勒索罪判处有期徒刑六个月，并处罚金人民币二千元；以制作、贩卖、传播淫秽物品牟利罪判处有期徒刑九个月，并处罚金人民币一千元。数罪并罚，决定执行有期徒刑十年，并处罚金人民币三千元。

被害人权益保护。隋某某将被害人私密视频通过朋友圈售卖，导致视频在被害人所在学校多名学生间传播。为尽可能将犯罪的伤害降到最低，检察机关督促公安机关第一时间查清相关视频传播路径并固定证据后，将视频进行技术性彻底删除。同时，协调职能部门及时追踪、处理与本案有关的不当泄露的信息，阻断被害人照片及视频传播。联合公安机关对购买相关视频的学生开展法治教育，对学生家长制发督促监护令，避免对被害人造成二次伤害。检察机关还联系专门机构指派专业心理咨询师，为被害人提供心理疏导，持续关注被害人状况，帮助其尽快走出心理阴影。

促进综合治理。针对案件反映出的未成年人网络交友不当、防范网络侵害能力不足等问题，检察机关开展专题调研分析后，向涉案学校和教育行政主管部门制发检察建议，督促学校建立预防、处置网络侵害工作机制，落实侵害未成年人案件强制报告制度，采取科学、合理方式培养和提高未成年人网络素养，有效减少侵害发生。针对未成年人遭受网络侵害时不敢说不、不善求助等问题研发网络安全教育主题课程，组织开展“清朗网络进校园”活动，通过专题授课、短视频、网络安全知识问答等多种方式揭露犯罪分子常用伎俩，揭示网络交友中的风险和陷阱，讲授应对网络性侵的正确处理方式，引导学生理性交友，保护自我，及时求助，提升未成年人文明、安全用网的意识和能力。就未成年人网络保护问题，邀请人大代表、政协委员及未成年人保护相关职能部门进行座谈，推动相关职能部门加强涉未成年人网络侵害线索移送，现已报告并移送线索9件。

【指导意义】

（一）实施线上猥亵犯罪行为后，又利用线上猥亵获得的私密照

片、视频要挟被害人，实施线下强奸犯罪行为的，应当认定构成猥亵儿童和强奸两个独立犯罪，实行数罪并罚。要依法从严惩处性侵害未成年人犯罪。行为人以满足性刺激为目的，利用网络胁迫、诱骗儿童拍摄裸体、敏感部位照片、视频等供其观看，其行为构成猥亵儿童罪。对儿童实施“隔空猥亵”后，行为人又以传播线上猥亵所获得私密照片、视频相要挟强迫被害人发生性关系的，线上猥亵行为与线下强奸行为在时空上相对独立，分别给被害人的人格尊严、身心健康造成不同程度的伤害，是两个独立的犯罪行为，应分别认定为猥亵儿童罪与强奸罪，数罪并罚。

（二）办理利用网络性侵害未成年人案件，检察机关应及时督促职能部门阻断私密信息传播，从线下到线上全方位保护未成年人免受次生伤害。互联网具有传播速度快、影响范围广的特点，涉案私密照片、视频的网络传播将进一步对未成年被害人身心造成严重伤害，不利于被害人创伤修复。检察机关在从严打击利用网络性侵害未成年人犯罪的同时，应注重审查被害人私密照片、视频是否被传播，发现在网络空间传播扩散的，应当及时督促职能部门快速、精准阻断传播，从线下到线上、从直接接触被害人的群体到网络空间的传播路径，尽量避免被害人遭受次生伤害。

（三）针对未成年人网络保护的复杂性，检察机关应主动发挥法律监督职能，综合履职助推各方形成保护合力。针对未成年人网络风险认知不足、易受侵害的问题，精准开展法治教育，普及辨别、防范、应对网络侵害的知识；针对监护人监护不足的问题，开展家庭教育指导，提升网络安全监护意识和能力；针对职能部门履职不充分的问题，制发社会治理检察建议；召开部门联席会议，推动建立涉未成年人网络侵害线索移送机制，以检察综合履职积极助推家庭、学校、社会协同发力，为未成年人营造健康安全的网络环境，提升未成年人综合保护效果。

【相关规定】

《中华人民共和国刑法》第二百三十六条、第二百三十七条、第二百七十四条、第三百六十三条

《最高人民法院、最高人民检察院关于办理利用互联网、移动通讯终端、声讯台制作、复制、出版、贩卖、传播淫秽电子信息刑事案件具体应用法律若干问题的解释》第六条

《最高人民法院、最高人民检察院关于办理利用互联网、移动通讯终端、声讯台制作、复制、出版、贩卖、传播淫秽电子信息刑事案件具体应用法律若干问题的解释（二）》第一条

姚某某等人网络诈骗案

（检例第201号）

【关键词】

未成年人网络保护　网络诈骗　分类处理　分级干预　多部门协作　数字化预防

【要旨】

办理涉及众多未成年人的网络诈骗案件，应注重罪错未成年人分级干预，实现分类处理，精准帮教。依托侦查监督与协作配合机制，建议公安机关在全面收集证据、查清事实基础上，充分考量未成年人的涉案情节，综合判定其主观违法性认识，依法分类处置。在审查起诉时，结合社会调查、心理测评、风险评估等情况，对涉罪未成年人进行分类处理并开展精准帮教。针对未成年人涉网违法犯罪防治难题，推动多部门

搭建数字平台，实现对未成年人涉网违法犯罪的精准预防。

【基本案情】

被告人姚某某，男，1984 年 10 月 5 日出生，初中文化，无业。

未成年被告人赵某某、张某某、邹某等 16 人。

被附条件不起诉人王某、成某、李某某等 12 人。

被不起诉未成年人许某某、王某某、任某某等 41 人。

2018 年 3 月至 2019 年 8 月，姚某某伙同他人组建诈骗团伙，在诈骗团伙中设置团长、师傅、助理、外宣四个层级，通过在网络平台虚构网络兼职、工资待遇等信息，骗取兼职人员缴纳会员费的方式实施诈骗，涉案人员 750 名，犯罪金额达 1300 余万元。在实施诈骗过程中，姚某某拉拢、招募、吸收大量未成年人参与违法犯罪，涉案未成年人达 560 人，其中 450 余人系在校学生。在诈骗团伙中，未成年人赵某某等 4 人担任师傅，承担小组管理职责，犯罪数额为 30 万至 350 余万元不等；王某等 30 人担任助理，协助师傅进行培训指导，犯罪数额为 1 万至 95 万余元不等；许某某、任某某等 35 人担任外宣，负责骗取新成员缴纳会费，犯罪数额为 3 千至 1 万余元不等。

检察机关经审查认定，姚某某为首要分子，应按照诈骗团伙所犯的全部罪行处罚，并且犯罪数额特别巨大。检察机关依法提起公诉后，姚某某被人民法院判处有期徒刑十三年九个月，并处罚金。

【检察机关履职过程】

分类处理。2019 年 7 月，浙江省某市公安局某区分局对姚某某等人涉嫌诈骗罪立案侦查。按照侦查监督与协作配合机制，浙江省某市某区人民检察院介入案件后，认为涉案兼职犯罪模式对未成年人具有迷惑性、诱导性，案件处理的关键在于全面查清案情的基础上，着重从目的、动机等主观方面和参与次数、持续时间、涉及金额等客观方面，对涉案人员区分责任、区别处置。建议公安机关在查清涉案事实和综合判断主观违法性认识后，按照三种情形进行办理：一是对涉案金额未达到诈骗罪数额较大标准的，不认定为犯罪；二是对涉案金额达到或略高于诈骗罪数额较大标准，具有因谋求兼职需要、仅完成团伙规定任务、参与时间短、主动退出犯罪团伙、退赃退赔等情节的，认定为情节显著轻微、危害不大，不认为是犯罪，依法作出相应行政处罚；三是对涉案金额超出诈骗罪数额较大标准，具有主动参与、参与时间长、诈骗次数多等情节的，依法追究刑事责任。最终，公安机关对何某某等491名涉案未成年人的行为不作为犯罪处理，对赵某某等69名涉罪未成年人移送审查起诉。

宽严相济。2019年11月至2022年1月，公安机关陆续将69名涉罪未成年人以诈骗罪移送审查起诉。检察机关受理后，依托社会支持体系对涉罪未成年人及时开展补充社会调查，从个体、家庭、成长经历、帮教条件、社会交往等方面进行综合评估，并结合案件事实依法分类处理：对在共同犯罪中起主要作用、社会危害性大的，依法提起公诉；对在共同犯罪中起次要作用、认罪悔罪态度好、认知行为存在偏差需要矫正，符合附条件不起诉条件的，设置考察条件，作出附条件不起诉决定；对符合不起诉条件的，作出不起诉决定。某区检察院先后对赵某某等16人提起公诉，对王某等12人作出附条件不起诉决定，对许某某等41人作出不起诉决定。赵某某等16人均被判处有期徒刑刑罚。

精准帮教。检察机关依托区少年司法一体化社会关护机制，联合公安、法院、司法行政等部门，为涉罪未成年人提供全流程精准帮教。在引导其认识罪错的同时，委托司法社工和心理咨询师、家庭教育指导师对严重行为偏差或存在心理问题的涉案未成年人开展心理危机干预、家庭教育指导、帮扶救助等工作。经过多方帮教，促使涉罪未成年人重回正轨，53名被附条件不起诉和不起诉的涉罪未成年人中有41人顺利考取大专以上院校。

预防治理。针对案件暴露的未成年人涉网违法犯罪高发、频发、面广，使用传统手段无法实现精准、及时预防等问题，区检察院联合公安、民政等多部门搭建数字化平台，预防网络违法犯罪。依托浙江省一体化数字资源系统（IRS），会商公安、民政、卫健、教育等职能部门，形成涵盖酒吧、网吧、旅馆等场所的数据库，通过内嵌于平台的算法和数据模型，发现异常人员和行为，及时向主管部门推送预警，实现未成年人涉网违法犯罪行为早发现、早介入、早阻断。

【指导意义】

（一）办理涉及众多未成年人网络犯罪案件，应在全面查清案件事实基础上，对案件依法分类处理。检察机关办理此类案件，应与公安机关统一执法司法理念，推动公安机关充分考虑网络犯罪手段特殊性和未成年人的身心特点、认知水平，全面审查涉案未成年人的动机、目的、参与次数、持续时间、涉及金额等情节，综合判断涉案未成年人主观违法性认识。对违法但不构成犯罪的，建议公安机关依法作出相应行政处罚。

（二）审查涉及众多未成年人网络犯罪案件时，应落实帮教精准化、处遇个别化。检察机关要立足未成年人保护和预防再犯的立场，在审查起诉时全面审查涉罪未成年人的犯罪事实、地位作用、悔罪表现、监护帮教条件等，结合社会调查、心理测评和风险评估，依法提起公诉或作出附条件不起诉、不起诉决定，落实分级干预。同时根据涉罪未成年人的成长经历、行为习惯、认知和需求、风险等级等因素，选配司法社工、心理咨询师、家庭教育指导师等专业人员，对涉罪未成年人实施个性化帮教矫治。

（三）打破数据壁垒，利用数字化手段推动涉未成年人网络违法犯罪源头治理。针对履职过程中发现未成年人涉网络违法人数多、犯罪防治难度大、犯罪手段隐秘等治理难题，检察机关要充分发挥数字技术对检察业务的支撑和推动作用。对实践中多发的涉及未成年人诸如校园网贷、网络赌博等情形开展风险评估和动态预警，在保障信息安全和维护个人隐私的基础上，及时向职能部门推送保护、救助的预警信息，进而形成部门协作、数据融通、智能分析、精准预警、高效处理的未成年人数字保护新格局。

【相关规定】

《中华人民共和国刑法》第二百六十六条

《中华人民共和国刑事诉讼法》第一百七十七条、第二百七十七条、第二百七十九条、第二百八十二条

《中华人民共和国未成年人保护法》第一百条

《中华人民共和国预防未成年人犯罪法》第二条、第二十八条、第三十八条

《未成年人网络保护条例》第三条、第二十二条、第二十七条、第三十条

康某某利用网络侵犯公民个人信息案

（检例第202号）

【关键词】

未成年人网络保护　异常电话卡大数据监督模型　未成年人入网规范

【要旨】

检察机关办理涉未成年人电信网络犯罪案件，发现未成年人异常办

卡情况，可以积极运用数字检察监督手段，通过构建大数据模型，推动未成年人涉电信网络犯罪早期预防。针对类案反映出的未成年人一人办多卡等问题，可以运用联席磋商、检察建议等方式，联动相关部门完善长效机制，规范未成年人入网用网，保障未成年人用网环境健康安全。

【基本案情】

被告人康某某，男，2003年9月26日出生，初中文化，系某网络科技公司法定代表人。

2022年12月至2023年2月，康某某以网络科技公司兼职为名招聘刘某某等人（另案处理）帮助其收购电话卡。刘某某系某学院学生，通过微信朋友圈发布兼职招聘信息，招募到40多名在校学生，其中未成年人21人。在康某某安排下，刘某某等人到指定网点办理电话卡577张，人均办卡14张。康某某将电话卡出售给上游犯罪行为人，用于注册各类社交App账号，提供有偿引流、点赞服务。部分电话卡在康某某不知情的情况下，被上游犯罪行为人用于实施电信网络诈骗犯罪。

【检察机关履职过程】

*刑事案件办理。*2023年2月10日，内蒙古自治区某市公安局某区分局以侵犯公民个人信息罪对康某某立案侦查。2023年8月3日，内蒙古自治区某市某区人民检察院对康某某提起公诉。康某某被人民法院以侵犯公民个人信息罪判处刑罚。

*构建大数据法律监督模型。*某区检察机关办理康某某案件期间，梳理近年来本地发生的类似电信网络犯罪案件，发现出租、出借、出售电话卡是未成年人牵涉电信网络犯罪的主要方式。针对在校学生异常办卡情况，检察机关研究构建“在校学生异常电话卡法律监督模型”，开展在校学生涉电信网络犯罪案件法律监督专项行动。在市大数据中心统筹

下，依托在校学生常规数据信息、未成年人办理电话卡数据信息及涉未成年人电信网络犯罪发案数据信息，发现十余名未成年人被裹挟或者被诱骗参与犯罪。

监督模型线索的移送处理。检察机关对依托大数据法律监督模型发现的有关线索进行审查后，依法移送公安机关。根据上述线索，公安机关破获十余起电信网络犯罪案件、缴获多套“无线语音网关”犯罪工具。对于参与电信网络犯罪活动且达到刑事责任年龄的3名未成年人，检察机关根据其犯罪情节、认罪悔罪情况依法处理。对于未达刑事责任年龄、被诱骗办卡卖卡的14名未成年人，检察机关会同公安机关对其开展规范用卡法治教育，并督促职能部门落实监管责任，及时注销异常电话卡。

促进社会治理。针对办案中发现在校学生涉嫌电信网络犯罪的实际情况和突出问题，检察机关形成专题报告报送地方党委、政府，并与区工信和科技局、教育体育局等相关部门联动，建立信息交换机制，加强对批量开卡以及短期内反复开卡、注销、补卡等高风险情形的有效管理；推动区工信和科技局出台《电话卡办理程序规范指引》，明确低龄未成年人需在监护人在场并同意的情况下申请入网。对未成年人加强问询、反诈告知，加大异常卡复核力度。督促区教育体育局向师生发放“出租出借出卖电话卡风险提示函”，将法治教育列入学校就业指导规划。

家庭教育指导。针对涉案未成年人普遍存在的家庭教育缺位或不当问题，检察机关向其监护人发出督促监护令，并邀请专业人员开展家庭教育指导，加强对未成年人入网行为的引导和监督。同时，检察机关联合妇联、团委等多部门成立“家庭教育指导站”和“观护未成年人工作室”，结合办案中发现的家庭监护问题，引入社会力量深度参与家庭教育指导。

【指导意义】

（一）**利用数字检察手段，对办理的未成年人涉电信网络犯罪案件进行延伸审查，通过法律监督切实保护未成年人权益。**电信网络犯罪非接触性、涉众性、传播广域性导致其存在隐蔽化、查证难等问题，检察机关可以通过建构相关大数据法律监督模型，将办理案件中涉及的有关数据资源进行碰撞比对，把未成年人异常电话卡办理情况等信息与电信网络犯罪发案数据进行串联，准确锁定潜在高风险和已经涉罪未成年人，并从中分析研判未成年人涉电信网络犯罪的关系网，审查发现相关犯罪线索的，依法移送公安机关立案查处。

（二）**会同有关部门跟进处置，实现对未成年人涉电信网络犯罪早期预防。**未成年人心智尚未成熟、从众心理强，易受到欺骗引诱，及早发现、有效拦截、阻断未成年人违法犯罪尤为重要。检察机关应当充分发挥大数据筛查的优势，精准发现未成年人办理电话卡的异常情况，及时敦促工信等职能部门，跟进处置注销异常电话卡，真正达到犯罪预防和保护未成年人的目的。

（三）**推动完善未成年人入网规范，加强未成年人网络保护。**未成年人涉嫌电信网络犯罪行为，往往以办理多张电话卡为发端，暴露出未成年人办理电话卡存在的机制问题和监管漏洞。检察机关可以联合相关部门完善未成年人入网规范机制，推动跨部门数据互联互通，督促行业主管部门重视异常账户的跟踪与监管，及早发现未成年人异常办卡情况，保障未成年人用网环境健康安全。

【相关规定】

《中华人民共和国刑法》第二百五十三条之一

《中华人民共和国未成年人保护法》第六十四条、第六十六条、第七十一条、第一百零五条

《中华人民共和国预防未成年人犯罪法》第三十条、第三十一条、第六十一条

《中华人民共和国反电信网络诈骗法》第十条、第十一条、第二十八条、第三十一条、第三十八条

李某某帮助信息网络犯罪活动案

（检例第203号）

【关键词】

未成年人网络保护　银行卡　主观明知　附条件不起诉　检察建议

【要旨】

办理未成年人涉嫌使用本人银行卡帮助信息网络犯罪活动罪案件，应当结合涉案未成年人身心特点，重点审查是否明知他人利用信息网络实施上游犯罪并提供帮助。对于主观恶性不大、社会危害较小且自愿认罪认罚的未成年人，坚持以教育、挽救为主，符合附条件不起诉的，依法适用附条件不起诉。对于未成年人银行账户管理存在漏洞，有异常交易风险的，检察机关通过向金融监管机关、商业银行制发检察建议，强化账户源头管理，推动诉源治理。

【基本案情】

被附条件不起诉人李某某，男，2003年9月5日出生，在校学生。

2019年，李某某在某职业中学就读期间，为方便支取生活费，在当地商业银行开设账户，办理了一张单日转账额度最高可为50万元人民币的借记卡。2021年5月，李某某的同学卢某某、彭某某（均已满

18 周岁，另案处理）向其提出“需要将网络赌博平台上汇集的充值资金，使用绑定的银行卡转账，如果愿意提供本人银行卡用于转账，就可以分钱”，并给其看了该赌博平台应用程序的截图。李某某为了能“轻松挣钱”遂表示同意。5 月 7 日至 18 日，在彭某某的指使下，李某某使用本人借记卡代为转账，并采取变更转账地点的方式规避调查。上述期间内，该借记卡单向流水金额合计人民币 420 余万元，李某某在分得人民币 3000 元后，因“感觉容易出事”遂未再参与。

案发后，李某某投案自首。2022 年 8 月，四川省某县人民检察院以帮助信息网络犯罪活动罪决定对李某某附条件不起诉并开展监督考察。2023 年 2 月，考验期满后决定对李某某不起诉。

【检察机关履职过程】

全面审查证据。某县公安局对李某某以涉嫌帮助信息网络犯罪活动罪移送起诉，某县检察院经审查认为，李某某系未成年犯罪嫌疑人，到案后虽作有罪供述，但案件缺乏证明其具备认知能力的证据。同时，侦查机关未查明涉案资金是否属于“犯罪所得及其收益”且李某某是否明知，检察机关遂退回补充侦查。侦查机关补充侦查重新移送后，检察机关经审查，认为侦查机关仅查明部分而非全链条利用网络开设赌场犯罪事实，故李某某代为转账的资金尚不能认定为“犯罪所得及其收益”。通过社会调查发现，李某某智力发育水平正常，接受教育经历连贯，作案时已开始毕业前的离校实习，说明其具有适应工作和社会生活的能力。本案中的转账行为呈现出短时间、高频率、大金额的异常特征，与日常生活开支场景毫无混同的可能。因此，可以认定李某某具备相当的认知能力，主观上明知他人利用信息网络实施犯罪。

依法适用附条件不起诉。李某某主观上明知他人利用信息网络实施犯罪，客观上实施了使用本人银行卡代为转账 420 余万元的帮助支付结算行为。但李某某提供本人银行卡的行为与“批量出租他人银行卡”

相比，情节较轻，社会危害较小；系受引诱参与犯罪，参与时间较短，犯罪后自首且自愿认罪认罚，具有悔罪表现，主观恶性不大；系初犯、偶犯，社会调查表明其具有较大的教育矫治空间。为落实“教育、感化、挽救”方针，在听取公安机关意见后，检察机关依法对李某某适用附条件不起诉。

帮教考察。社会调查发现，李某某追求享乐，法律意识淡薄，父母教育方式不当、家庭教育支持不足，存在重蹈违法犯罪的风险。为此，检察机关联合妇联、司法社工组织等社会力量，制定个性化方案，加强综合教育帮教。针对其存在消费观念问题，通过定制法治教育志愿服务公益项目，帮助其认识到贪图享受的长远危害；针对其法律意识淡薄问题，通过开展线上线下预防网络犯罪教育，促使其主动学习法律知识；针对家庭教育缺失问题，发出督促监护令，加强家庭教育指导。通过帮教，李某某的理性消费观念逐步树立，法律意识逐渐提升，思想认识和行为习惯回归正轨。目前，李某某已经考上大学。

制发检察建议。检察机关办案发现，李某某的银行账户管理存在漏洞。经与人民银行所属支行会商研判，通过走访银行网点、开展座谈交流，促使商业银行查找出未落实未成年人独立开户标准、授权单日转账限额过高、异常交易风险预警不足等问题。检察机关有针对性地向人民银行某县支行制发检察建议后，该县人民银行对 7 家商业银行的 46 个网点，涉及 120 余个未成年人的账户全部进行了清理，对发现的问题立即进行整改。目前，该县未再发生利用未成年人银行卡实施网络犯罪的案件。省、市检察机关与人民银行等机构会商，推进涉未成年人银行账户分级分类管理等要求在全省范围内得到完善和落实，巩固打击和治理成效。

【指导意义】

（一）检察机关办理未成年人帮助他人利用网络实施犯罪的案件，

要坚持主客观相一致原则，重点审查行为人主观方面对上游犯罪是否明知，并提供了客观帮助行为。要综合全案证据和社会调查情况，认为涉罪未成年人知道或者应当知道上游系犯罪活动，自己行为具有帮助作用，可能共同造成危害结果的，应当认定其主观明知。未成年人客观上实施“供卡”等帮助支付结算的行为，符合帮助信息网络犯罪客观要件规定的，应按照主客观相一致原则，认定构成帮助信息网络犯罪活动罪。但如果经全案证据审查，认定未成年犯罪嫌疑人对上游是否系犯罪活动，以及犯罪的危害程度缺乏明确认识，即使在客观上对信息网络犯罪活动起到了帮助作用，因此获利，也不能认定为构成该罪。

（二）对未成年人使用本人银行卡实施的帮助他人利用网络犯罪行为，应当落实宽严相济刑事政策，加强教育、挽救，依法准确适用不起诉、附条件不起诉。对于积极主动参与犯罪、犯罪情节严重的，应依法提起公诉。对被利诱参与犯罪、参与时间较短、违法所得、涉案数额较少，情节显著轻微危害不大的涉案未成年人，检察机关可以根据刑法第十三条的规定，对其不认定为犯罪。对于犯罪情节轻微，依照刑法规定不需要判处刑罚或者免除刑罚的，检察机关应当作出不起诉决定。对于犯罪情节较轻，符合附条件不起诉条件的，检察机关可以依法适用附条件不起诉，同时针对性地开展考察、矫治。

（三）检察机关应当注重运用检察建议，推动诉源治理。办理未成年人帮助信息网络犯罪活动案件，发现银行账户监督、管理、使用存在漏洞的，应当依法开展调查核实，以检察建议的方式督促金融监管机构、商业银行完善制度机制，推动形成办卡审核和风险评估相结合、分类管理和异常预警相结合的未成年人银行卡管理保护模式，努力实现对未成年人参与电信网络犯罪的诉源治理。

【相关规定】

《中华人民共和国刑法》第十三条、第二百八十七条之二

《中华人民共和国刑事诉讼法》第二百七十七条、第二百七十九条、第二百八十二条、第二百八十三条、第二百八十四条

《中华人民共和国未成年人保护法》第一百一十三条、第一百一十五条

《中华人民共和国预防未成年人犯罪法》第五十条、第五十一条

《最高人民法院、最高人民检察院关于办理非法利用信息网络、帮助信息网络犯罪活动等刑事案件适用法律若干问题的解释》第十二条

《人民检察院检察建议工作规定》第十一条

禁止向未成年人租售网络游戏账号检察监督案

（检例第 204 号）

【关键词】

未成年人网络保护　网络游戏账号租售　刑事检察与行政公益诉讼衔接　不良行为干预　综合治理

【要旨】

检察机关办理涉未成年人网络犯罪案件，应当注重审查刑事案件背后是否存在未成年人网络保护职责未落实的监督线索。检察机关发现互联网平台上存在向未成年人租售网络游戏账号的，可以依法督促行政监管部门履职，全面维护未成年人网络权益。发现未成年人因沉迷网络而遭受侵害的，应当同步落实被害修复与不良行为干预措施。检察机关应当促进法律监督与行政监管的配合协作，助推行政监管部门提升未成年人网络保护执法规范化水平。

【基本案情】

被告人孙某，男，2000年7月19日生，汉族，中专文化，原系某房地产公司销售人员。

2021年1月，被告人孙某以诈骗为目的，在某互联网平台发布出售网络游戏账号的虚假信息，骗取未成年被害人华某某信任后，向其提供虚假的游戏账号密码，并编造钱款被冻结、需支付保证金、过户费等理由，共骗取华某某人民币15347元。

孙某用以出售网络游戏账号的互联网平台是上海某公司开发运营的电子商务应用类平台。该平台上有数十家经营者不经身份核实，向包括未成年人在内的用户提供多款热门网络游戏账号的租售服务，部分经营者的累计订单数已达十万余件。

【检察机关履职过程】

刑事案件办理。2021年4月2日，孙某自首。2021年11月8日，上海市公安局某区分局以孙某涉嫌诈骗罪向某区检察院移送审查起诉。检察机关在办案过程中，责令孙某向被害人退赔诈骗钱款，弥补财产损失，并向被害人赔礼道歉。2021年12月6日，检察机关以孙某犯诈骗罪向人民法院提起公诉。2021年12月16日，人民法院以孙某犯诈骗罪判处其有期徒刑七个月，缓刑一年，并处罚金人民币二千元。

行政公益诉讼案件办理。检察机关经调查发现，本案中孙某用以出售网络游戏账号的互联网平台上还有数十家经营者在商品详情中使用“未防沉迷”“直接上号”等表述，不经核验身份，向包括未成年人在内的用户提供多款热门网络游戏账号的租售服务。

检察机关认为，该互联网平台上的经营者为未成年人规避网络游戏监管提供便利条件，违反未成年人保护法有关向未成年人提供游戏服务的时间管理限制性规定。该互联网平台未根据电子商务法对相关经营者违规行为予以及时处置、报告，增加了不特定未成年人沉迷网络游戏的潜在风险，损害了社会公共利益。根据未成年人网络保护法律法规，上海市某区网络安全和信息化委员会办公室（以下简称区网信办）对未成年人网络保护落实情况有监督管理职责，应当依法查处违规经营者和平台。

2021 年 9 月 14 日，检察机关向区网信办发出行政公益诉讼诉前检察建议，督促依法查处违法向未成年人提供网络游戏账号租售服务的经营者，并对互联网平台上租售网络游戏账号的情况进行全面检查和监督，压实平台责任。区网信办积极落实检察建议，督促该互联网平台对违法租售账号的经营者进行处理、增设实名购买功能，对平台落实未成年人网络保护规定的情况进行常态化检查督导。该互联网平台共清理违规游戏租号类商品 469 件，关闭相关店铺 26 家，对“某某租号”等关键词予以屏蔽；对游戏账号租售商品设置购买实名认证和“上号”二次实名认证环节，有效防止向未成年人租售游戏账号。

不良行为干预。针对未成年被害人华某某沉迷网络游戏的情况，检察机关根据预防未成年人犯罪法关于不良行为干预的相关规定，积极对接学校、街道未成年人保护工作站组建协作干预小组，落实针对性管理教育措施。检察机关针对监护人放任华某某沉迷网络及处分大额钱款等问题，向华某某的监护人制发督促监护令，要求其履行监护职责，并委托家庭教育指导师开展家庭教育指导。目前，华某某已摆脱网络游戏沉迷，并顺利考入大学。

推动综合治理。结合该案办理，检察机关进一步会同区网信办等单位制定了涉未成年人网络保护分类处置的标准化工作流程。在此基础上，上海市人民检察院梳理全市未成年人网络保护案件办理情况，与上海市网络安全和信息化委员会办公室、上海市文化和旅游局执法总队建立了未成年人网络保护联动工作机制，共同发布《未成年人网络保护风险识别清单》《上海市侵害未成年人身心健康的网络信息执法指南》，细化执法规范和标准。

【指导意义】

（一）**互联网平台上的经营者向未成年人租售网络游戏账号而平台未予及时处置、报告的，检察机关可以通过检察建议、公益诉讼等方式，督促行政监管部门采取有效监管措施**。检察机关在办理涉未成年人网络刑事案件时，发现互联网平台上的经营者向未成年人提供网络游戏账号租售服务、互联网平台未予以审核监管，为未成年人规避游戏监管提供便利，有造成不特定未成年人沉迷网络、侵害未成年人网络公共利益风险的，检察机关可以通过制发检察建议、开展行政公益诉讼等手段，督促相关行政部门依法履行监管职责，推进互联网平台加强管理和机制建设。

（二）**检察机关办理未成年人因沉迷网络而遭受侵害的案件，应当坚持被害修复与不良行为干预并重**。检察机关在依法惩治利用网络实施的侵害未成年人犯罪的同时，应当通过积极追赃挽损、促成赔礼道歉、提供法律援助、落实心理疏导等方式，最大限度减少犯罪对未成年人造成的不利影响。同时，检察机关还应当根据预防未成年人犯罪法的相关规定，督促家庭、学校、社会联动对未成年被害人沉迷网络的不良行为进行干预，通过精准管理教育措施引导未成年人安全合理地使用网络。发现被害人的监护人怠于履行职责的，可以通过制发督促监护令、开展家庭教育指导等方式，充分发挥家庭监护在未成年人网络保护中的作用。

（三）**检察机关办理涉未成年人网络案件，应当综合履职，促进未成年人网络保护诉源治理**。在办理刑事案件、开展行政公益诉讼等工作基础上，检察机关还应当加强与未成年人网络保护行政监管部门配合协作，畅通信息渠道、建立共治机制，提升未成年人网络侵害源头预防实效。结合本地实际，推动完善法律监督与行政监管衔接机制，为未成年人构建健康清朗的网络空间环境。

【相关规定】

《中华人民共和国刑法》第二百六十六条

《中华人民共和国未成年人保护法》第六十六条、第六十七条、第七十四条、第七十五条、第一百零六条、第一百二十七条

《中华人民共和国预防未成年人犯罪法》第二十八条第四项、第二十九条、第三十一条、第三十二条

《中华人民共和国家庭教育促进法》第二十二条、第四十九条

《中华人民共和国行政诉讼法》第二十五条第四款

《中华人民共和国电子商务法》第十三条、第二十九条

《未成年人网络保护条例》第四十六条第二款

最高人民法院
发布人民法院依法保护农用地典型案例

（2024年1月10日）

目　录

一、梁某东等人非法占用农用地案

【基本案情】

2016年年初，被告人梁某友、梁某斌、梁某明在分别担任或代理广东省肇庆市鼎湖区某村委会1、2、3队村民小组组长期间，为增加村集体收入，经村民会议讨论决定，将村属耕地通过公开招投标方式发包出去挖塘养鱼。被告人梁某东中标后，上述三被告人代表各村民小组作为发包方分别与梁某东签订了《鱼塘承包合同》。合同签订后，在没有办理合法用地相关手续，且缺少相应职能部门统一监管的情况下，被告人梁某东在承包的耕地上挖掘鱼塘、搭建猪舍。经勘测和鉴定，涉案的54.53亩耕地规划用途为基本农田保护区，毁坏前地类为水田；非法占用的耕地耕作层、灌溉设施被完全毁坏，难以恢复。2017年12月，被告人梁某东等四人先后主动到公安机关投案，如实交代了本案犯罪事实。

【裁判结果】

广东省肇庆市鼎湖区人民法院认为，被告人梁某友、梁某斌、梁某明作为鼎湖区某村委会1、2、3队村民小组的组长，违反土地管理法规，代表村集体将村数量较大的耕地非法发包，致被告人梁某东违反土地管理法规，在没有办理合法用地相关手续及缺乏统一监管的情况下，在承包的耕地上挖掘鱼塘，搭建猪舍，非法占用耕地54.53亩，改变被占用土地用途，数量较大，造成农用地大量毁坏。被告人梁某东、梁某明、梁某友、梁某斌的行为均已构成非法占用农用地罪。鉴于四被告人主动投案，如实供述本案犯罪事实，系自首，且均认罪、悔罪，可依法予以从轻处罚。以非法占用农用地罪分别判处梁某东、梁某明、梁某友、梁某斌有期徒刑十个月至八个月，并处罚金人民币五万元，并依法对梁某友、梁某斌适用缓刑。

宣判后，梁某明、梁某东提出上诉。梁某明在二审阶段撤回上诉。广东省肇庆市中级人民法院裁定准许梁某明撤回上诉，驳回上诉人梁某东的上诉，维持原判。

【典型意义】

本案是人民法院依法惩处村民小组组长在土地发包过程中，违反土地管理法规变更土地用途、毁坏耕地的典型案例。在发展农村经济中，发包土地、收取土地承包金是提高村集体收入，发展农村经济最常见的方式之一。但由于法律意识不强，一些村集体不按照土地管理法规的规定进行土地发包，随意变更土地用途、毁坏耕地等现象时有发生，导致在承包土地过程中非法占用农用地的问题比较突出。即使是为了村集体的利益，村集体也无权擅自改变土地性质和用途。本案中，某村委会3

个村民小组随意变更土地性质、用途将土地发包，承包人梁某东也以为按合同约定使用土地不是违法犯罪行为，致使梁某东违反土地性质使用土地，造成耕地耕作层、灌溉设施完全毁坏。梁某东应承担相应的法律责任，梁某友、梁某斌、梁某明是村民小组组长，作为直接负责的主管人员，对此亦应承担相应的法律责任。人民法院充分发挥审判职能作用，依法对本案四名被告人予以刑事处罚，对于教育和警示村民委员会、村民小组等基层组织应当依法依规发包土地，村民委员会主任、村民小组组长应当忠诚履职尽责、充分发挥耕地保护的先锋表率作用具有重要意义。

二、程某科非法占用农用地案

【基本案情】

从2004年开始，以被告人程某科为首的犯罪组织称霸一方，欺压残害群众，先后实施违法犯罪活动20余起，造成10余人重伤、轻伤及轻微伤，破坏了江西省浮梁县域周边经济社会生活秩序，造成了恶劣的社会影响。其间，程某科利用黑社会性质组织影响，先后从浮梁县兴田乡村民处“强买”1700余亩山林，并于2015年左右私建黄沙坑山庄建筑，硬化水泥道路、开挖水塘及其附属设施，违法改变土地用途。经鉴定，浮梁县兴田乡黄沙坑山庄违法占用农用地面积34.53亩，其中耕地约12.84亩（含基本农田1.09亩）、毁林面积21.09亩，沟渠面积0.6亩，被毁坏的农用地复垦费用为347256元，制定生态修复方案费用5800元。

【裁判结果】

江西省乐平市人民法院认为，被告人程某科违反土地管理法规，非法占用农用地，改变被占用土地用途，数量较大，造成耕地、林地等农用地大量毁坏，其行为已构成非法占用农用地罪。程某科非法占用农用地的行为导致原有土地失去耕种条件，破坏了土地资源，损害了社会公共利益，应承担恢复土地复垦条件的民事责任。综合考虑被告人坦白、认罪认罚及累犯等情节，以非法占用农用地罪，判处程某科有期徒刑一年三个月，并处罚金人民币五万元，与认定的其他犯罪数罪并罚，决定执行有期徒刑二十五年，并处没收个人全部财产，剥夺政治权利五年。同时，判决程某科按照江西景德镇司法鉴定中心作出的生态修复方案交纳恢复复垦条件费用 347256 元，同时承担制定生态修复方案的费用 5800 元。

江西省景德镇市中级人民法院二审维持原判。

【典型意义】

本案是人民法院依法严惩与涉黑涉恶等其他犯罪相互交织的非法占用农用地犯罪的典型案例。司法实践中，因非法占用农用地犯罪牵涉利益巨大，往往与非法采矿、盗伐林木、滥伐林木等其他犯罪交织，特别是很多案件还具有涉黑涉恶因素，人民群众反映强烈，综合治理难度较大。本案中，村民迫于被告人程某科黑社会性质组织影响，不得已将名下山林转给程某科。程某科私自改变占用农用地用途，不仅造成农用地大量毁坏，而且严重影响当地村民生计，造成了恶劣的社会影响。人民法院依法追究程某科刑事责任，数罪并罚判处其二十五年有期徒刑，并判令程某科承担恢复耕地、林地复垦条件及制定生态修复方案等费用。该案体现了人民法院坚持扫黑除恶常态化，依法严厉打击土地资源领域涉黑涉恶犯罪，斩断伸向土地资源领域的“黑手”，全面保障土地资源可持续利用和农业可持续发展的决心与成效。

三、季某辉、李某非法占用农用地案

【基本案情】

2011 年，季某辉、李某以修建大棚、发展农业养殖为名，从村民手中承包、置换了位于辽宁省大连市普兰店区城子坦街道某村的部分土地，购置了铲车、洗砂船等设备，组织人员挖土洗砂并对外销售。同年 11 月，季某辉被原辽宁省普兰店市国土资源局处以责令限期将被毁坏耕地复种及罚款 900310 元的行政处罚。被行政处罚后，季某辉、李某仍继续从村民手中承包、置换土地并取土对外销售，造成农用地严重破坏。经鉴定，2011 年至 2014 年期间，季某辉、李某以取土形式破坏耕地 63. 72 亩，其中，永久基本农田 54. 25 亩，挖掘深度达 0. 54 米，原种植层已被破坏。季某辉、李某非法获利共计人民币 664500 元。

【裁判结果】

辽宁省大连市沙河口区人民法院认为，季某辉、李某违反土地管理法规，明知是耕地而进行非法取土，造成耕地被大量毁坏，构成非法占用农用地罪。判处季某辉有期徒刑三年六个月，并处罚金人民币五万元；判处李某有期徒刑一年六个月，并处罚金人民币五万元；追缴季某辉、李某的违法所得，上缴国库。

辽宁省大连市中级人民法院二审维持原判。

【典型意义】

本案是人民法院依法从严惩处利用承包合同方式流转土地后，非法取土挖砂毁坏耕地的典型案例。季某辉、李某以修建大棚、发展农业养殖为名，从农民手中承包、置换大量土地，非法破坏土壤种植层，取土洗砂销售，造成永久基本农田 54.25 亩被毁坏，并获得巨额利润，既严重破坏农用地资源影响粮食生产，又因洗砂活动危害生态安全。人民法院针对本案特点，充分考虑案件在当地的严重负面影响，依法从重对被告人季某辉、李某判处自由刑和财产刑。本案体现了人民法院对非法占用农用地、破坏基本农田犯罪行为决不手软，坚决依法予以严厉惩处的信念和决心，对进一步规范农村土地承包经营活动也起到了良好的警示教育作用。

四、陕西省西安市鄠邑区渭丰街道某村民委员会与冯某汉土地租赁合同纠纷案

【基本案情】

1998 年 3 月 20 日，西安某实业有限责任公司与户县渭丰乡某村民委员会签订《土地承包合同》，约定租赁该村 132 亩土地，用于经营种植或养殖业，租赁期限为 25 年，即自 1998 年 3 月 11 日至 2024 年 3 月 10 日。2008 年 4 月 30 日，双方签订《土地承包合同补充协议》，约定将租赁期限延长 5 年至 2029 年 3 月 11 日。被告冯某汉系西安某实业有限责任公司法定代表人，2011 年 5 月 26 日，冯某汉与户县渭丰乡某村民委员会签订《协议书》，约定将西安某实业有限责任公司的土地租赁合同及补充协议约定承租方的权利和义务由冯某汉全部享有和承担。冯某汉在租赁土地期间，案涉土地上被多次倾倒大量建筑渣土和垃圾，因被盗挖砂石，在案涉土地区域西南角形成 28 亩砂坑和西北角形成 5 亩砂坑各一个，东南角土地堆附大量建筑垃圾，土地遭到严重破坏。当地公安机关对有关人员进行了处罚。2018 年 5 月，户县渭丰乡某村民委

员会撤村合并为陕西省西安市鄠邑区渭丰街道某村民委员会，2021年7月6日，该村民委员会起诉请求解除《土地承包合同》。

【裁判结果】

陕西省西安市鄠邑区人民法院一审认为，冯某汉在租赁土地期间，涉案土地被长期撂荒，2018年至2021年期间该土地存在长期非法采挖砂石，承包地内形成多个大型砂坑，区域内土地被大量废弃砖块和黄土组成的废弃建筑混合物堆积，部分砂坑被盗挖后用建筑渣土和垃圾进行了填埋，土地自然生态遭到严重破坏。本案所涉农业用地长期、反复地遭到不法人员掠夺性的破坏，与冯某汉长期看管不力、未采用有效管控措施之间存在因果关系，村委会提出解除土地租赁合同等诉讼请求符合法律规定，应予支持。遂作出解除案涉合同、冯某汉向原告返还132亩土地、原告向冯某汉返还土地承包费94453元的判决。一审法院作出判决后，向有关责任主体发出司法建议：一是加强土地保护的力度。建议通过安排人员值守或不定期巡查、鼓励群众举报等多种举措，加强对所辖土地的看护、监管；二是加大对土地资源保护的宣传力度，通过悬挂宣传标语等方式，营造保护土地资源的良好社会氛围；三是及时对遭受破坏的土地进行复耕复种。开展全面排查，是否仍有类似情况，加大与环境保护部门的协作联动力度，开展对砂坑联合复耕复种行动，力争做到合理利用土地资源。

陕西省西安市中级人民法院二审判决驳回上诉，维持原判。

【典型意义】

本案是因土地承包人未尽监管和保护义务致使土地生态严重破坏，人民法院依法判决解除土地承包合同的典型案例。农村土地承包法第十八条规定了承包方应当承担“依法保护和合理利用土地，不得给土地造成永久性损害”的义务。本案中，冯某汉怠于履行保护土地义务，导致案涉土地遭到严重破坏。人民法院依法判决解除合同，使承包方承担了违约责任的同时，积极延伸司法职能，主动发出司法建议，有力推动有关部门做好百亩土地的复耕保护工作，取得了良好效果。本案的正确处理，对于引导教育广大人民群众和基层组织树牢“耕地保护、人人有责”观念，严守土地保护义务，坚持节约集约利用土地，不断增强土地保护工作的自觉性、积极性和主动性具有重要意义。

五、四川省崇州市道明镇协和社区四个居民小组与李某洪土地经营权出租合同纠纷案

【基本案情】

2010年9月30日，李某洪与原告签订《农村土地承包经营权流转合同》，约定由李某洪承租位于崇州市“天府粮仓”核心示范区范围内的264.9亩土地，租赁期限17年。合同履行期间，李某洪将土地用于种植园林绿化树木，因管理不善，该地块树木枯死、土地荒芜、杂草丛生，被当地农业农村主管部门认定为抛荒地，建议“退树还耕”。同时，李某洪仅向原告支付了15万元租金，2021年起未再支付租金。双方多次协商未果，原告提起诉讼，要求李某洪给付拖欠租金52.4508万元并解除合同，将土地进行复垦复耕。

【裁判结果】

经过四川省崇州市人民法院联动调解，当事人自愿达成一致意见：解除双方签订的土地流转合同，李某洪返还该合同项下承租的全部土地，出售承租土地上的树木等附着物抵偿租金。经人民法院督促，当事人双方积极履行调解协议，案涉土地已全部完成复垦复耕，成为优质水

稻田。

【典型意义】

本案是人民法院依法调解解除土地承包经营权流转合同，收回抛荒地，退树还田，守护“天府粮仓”的典型案例。农村中由于疏于管理形成的抛荒地，极易导致土壤退化、水源污染、生态破坏，严重影响耕地资源的可持续利用和农田生产能力的提高。依法整治农用地抛荒问题，推进科学复耕复种，对于严守耕地红线、让农业增效农民增收意义重大。本案中，人民法院积极调解双方当事人达成一致意见，督促被告人归还案涉土地，处理土地附着物，开展复垦复耕，帮助十万亩粮食高产稳产高效综合示范基地收回抛荒地 264. 9 亩，对于坚决制止耕地闲置浪费现象，杜绝变相“非粮化”“囤地”“抛荒”等现象，促进耕地保护与修复，盘活耕地资源等均具有重要意义。

六、陈某杨诉重庆市綦江区扶欢镇人民政府行政赔偿案

【基本案情】

2015 年 8 月 4 日，重庆市綦江区扶欢镇东升村 8 组部分村民向重庆市綦江区扶欢镇人民政府（以下简称扶欢镇政府）提出申请，要求依綦江区现行征地拆迁安置政策规定的安置补偿标准，对扶欢镇东升村 8 组全部土地房屋实施征收并进行补偿安置。2015 年 12 月 23 日，扶欢镇政府（甲方）与扶欢镇东升村 8 组（乙方）签订了征收土地协议书，约定了甲方征收乙方土地面积共计 250. 24 亩，其中耕地 192. 64 亩，宅基地 33 亩，其他土地 24. 6 亩。2015 年 12 月 30 日，扶欢镇政府（乙方）与扶欢镇东升村 8 组（甲方）签订了土地移交协议，约定了由甲

方向乙方移交扶欢镇东升村 8 组土地 283.05 亩。2016 年 11 月 30 日，扶欢镇政府（甲方）与扶欢镇东升村 8 组（乙方）签订了交地协议，约定了甲方将未使用的 122 亩土地交由乙方集体经济组织统一管理。2016 年 1 月 11 日，扶欢镇政府推掉了原告陈某杨位于扶欢镇东升村 8 组享有合法承包经营权的土地及地上种植的作物，2018 年 6 月 19 日，该强推行为被人民法院判决确认违法。2018 年 8 月 1 日，陈某杨向扶欢镇政府提交行政赔偿申请。2018 年 9 月 6 日，扶欢镇政府作出不予赔偿的决定。陈某杨不服，遂向人民法院提起行政赔偿诉讼。

陈某杨在扶欢镇东升村 8 组承包面积为 4.25 亩农村集体土地，其中 1.18 亩土地并不在征地范围内。陈某杨的承包地每年均栽种两季农作物，春夏季耕种水稻，秋冬季栽种蔬菜。2014 年前，扶欢镇东升村 8 组属綦江区扶欢镇杂交水稻制种基地。2014 年后，扶欢镇东升村 8 组未再进行水稻制种。

【裁判结果】

重庆市大渡口区人民法院一审认为，扶欢镇政府于 2016 年 1 月强推陈某杨承包土地违法行为与陈某杨因该行政违法行为未能在涉案承包地种植农作物而造成经济损失之间存在因果关系，故应承担赔偿责任。判决撤销扶欢镇政府作出的不予赔偿决定书，扶欢镇政府赔偿陈某杨 15637.69 元。

宣判后，陈某杨不服，提起上诉，重庆市第五中级人民法院依法判决驳回上诉，维持原判。

【典型意义】

本案是行政机关违法强推土地，人民法院依法支持土地承包人损失赔偿请求的典型案例。本案中，在赔偿期间上，人民法院在扶欢镇政府少批多占土地，多占土地已退还集体经济组织前提下，判决对强推土地时起至退还集体经济组织止期间的损失予以赔偿，确立了相应赔偿的最大期间；在赔偿范围上，未机械以 2014 年以后大多数农民没有进行水稻种植为由而不将该部分损失计算在内，而是包含了一年四季所不能种植的农作物种类，还充分考虑了强推承包地行为造成相对人无法种植的未来可得利益；在赔偿标准上，参照了当地统计年鉴确立的产量，以及国家收购价格和当地行政主管部门出具的证明材料。本案体现了人民法院始终以最大限度保护耕地和土地承包人合法利益为着眼点，服务保障粮食安全“国之大者”的信念和决心。

七、江苏省盐城市自然资源和规划局与盐城市某建材有限公司国土资源非诉执行案

【基本案情】

2020 年 9 月 7 日，江苏省盐城市自然资源和规划局（以下简称盐城市自规局）发现盐城市某建材有限公司未经批准在南洋镇柴坝村二组境内占用土地 8538 平方米（合 12.81 亩）堆放砂石及硬化水泥场地、新建办公房。经勘测定界，其中占用耕地 3139 平方米，占用园地 2242 平方米，占用其他农用地 3149 平方米，占用交通运输用地 8 平方米。盐城市自规局于 2021 年 11 月 25 日作出盐亭国土资罚（2020）40 号《行政处罚决定书》，责令盐城市某建材有限公司十五日内将非法占用的土地退还，并自行拆除土地上新建的建筑物和其他设施。2022 年 2 月 14 日，盐城市自规局向盐城市某建材有限公司邮寄送达《履行行政处罚决定催告书》，但盐城市某建材有限公司未履行上述义务，故盐城市自规局于 2022 年 3 月 1 日向江苏省东台市人民法院申请强制执行。该案审查过程中，盐城市某建材有限公司辩称案涉建筑于 2009 年之初

即修建完成，案涉行政处罚已过处罚期限。

【裁判结果】

江苏省东台市人民法院经审查认为，案涉盐亭国土资罚（2020）40号《行政处罚决定书》，认定事实清楚，主要证据充分，处罚程序合法，适用法律、法规正确。关于盐城市某建材有限公司辩称的案涉行政处罚已过处罚期限的问题。案涉查处行为发生在2020年9月7日，行政处罚法第二十九条第一款规定，违法行为在二年内未被发现的，不再给予行政处罚。法律另有规定的除外。该款规定的期限，系从违法行为发生之日起计算，但违法行为有连续或者持续状态的，从行为终了之日起计算。即便案涉建筑于2009年之初即修建完成，但该违法行为处于持续状态，故盐城市自规局作出的行政处罚未过处罚期限。裁定：盐亭国土资罚（2020）40号《行政处罚决定书》中的行政处罚，准予强制执行。

【典型意义】

本案是人民法院对虽发生时间很早但一直持续的非法占地行为，依法支持行政机关收回农用地的行政处罚的典型案例。案涉被占土地含有大量耕地，且非法占用时间较长。根据《最高人民法院关于如何计算土地违法行为追诉时效的答复》，不法状态被恢复原样之前，该非法占用行为处于继续状态。同理，非法占用土地建造建筑亦是如此。本案裁判表明土地行政主管部门无论何时发现非法占用农用地的行为，只要违法事实依旧存在，均应依法作出处罚。人民法院通过准予强制执行裁判有力支持了行政机关依法查处违法占用土地行为，对乱占耕地行为坚持“零容忍”的态度和立场，依法保障土地资源合理有效利用。

八、江苏省镇江市金山地区人民检察院诉马某华刑事附带民事公益诉讼案

【基本案情】

2013 年 5 月，马某华租赁江苏省镇江市丹徒区上党镇某村民小组农用地 33. 98 亩，在未办理用地手续的情况下擅自在该地块建设猪舍、道路等设施从事养殖业，造成土地毁坏。经鉴定评估，马某华已固化占地面积 10925 平方米（合 16. 39 亩），其中包括永久基本农田 7108 平方米（合 10. 66 亩），耕作条件已被破坏。江苏省镇江市金山地区人民检察院向江苏省镇江市京口区人民法院提起刑事附带民事公益诉讼，请求：（1）判令马某华修复被破坏的耕地 16. 39 亩，如不能自行修复，承担耕地修复费用 31. 96 万元；（2）判令马某华在市级媒体公开赔礼道歉。

对马某华非法占用基本农田 10. 66 亩的行为，另案刑事判决被告人马某华犯非法占用农用地罪，判处有期徒刑一年四个月，并处罚金人民币二万元。

【裁判结果】

江苏省镇江市京口区人民法院认为，马某华违反土地管理法规，破坏土地资源，应当承担土地修复责任。判决：（1）马某华在判决生效后六个月内自行修复被破坏的土地 16. 39 亩；如不能自行修复，应承担破坏土地的修复费用 31. 96 万元。（2）马某华在判决生效后一个月内在市级媒体上公开赔礼道歉。马某华不服，提起上诉。

江苏省镇江市中级人民法院认为，马某华非法占用永久基本农田

10.66 亩建设养殖设施，应当拆除有关永久基本农田上的违法建设并依法复垦，如果马某华不能自行实施，则应当承担相应的拆除和修复费用共计 207891 元。对马某华占用设施农用地、园地、沟渠、田坎共计 5.73 亩建设养殖设施、道路，由于相关土地并非耕地，不属于破坏耕地的情形，原审判决认定的部分事实不清，应予部分改判：马某华在判决生效后六个月内自行修复被破坏的永久基本农田 10.66 亩；如不能自行修复，应承担破坏永久基本农田的修复费用人民币 207891 元；马某华在判决生效后一个月内在市级媒体上公开赔礼道歉。

【典型意义】

人民法院在本案中正确区分了占用的不同农用地性质并作区别处理，既坚决守住耕地红线，又依法保障养殖户合法用地需求，是统筹保护与发展关系的典型案例。因生猪养殖破坏农用地的违法犯罪案件，是基层执法、司法的难点之一，此类案件的审理既要依法保护耕地红线，也要实事求是地保障生猪养殖的合法用地需求，避免因一刀切的执法损害生猪养殖产业的健康发展。本案中，人民法院遵循“以事实为根据，以法律为准绳”原则，根据有关审批规定作区别处理：对于非法占用永久基本农田建设养殖设施的，应当拆除并复垦；对于占用设施农用地建设养殖设施的，如果能够与永久基本农田上的养殖设施区分使用，可不予拆除、复垦；对于占用其他农用地建设养殖设施，并不破坏耕地及农地周边资源环境的，且可以通过一定程序依法建设养殖设施的，由当事人或者有关主管机关依法处理。人民法院坚持把握好高质量发展和高水平保护的辩证统一关系，在严格依法捍卫生态红线的同时，积极贯彻国家支持设施农业的政策，不遗余力地保民生、保发展，通过精细化的裁判，践行环境保护法第一条所规定的推进生态文明建设与促进经济社会可持续发展的双重立法目的。

九、山东省滨州市人民检察院诉杨某义、山东省某实业有限公司民事公益诉讼案

【基本案情】

2011 年 1 月 10 日，杨某义（山东省某实业有限公司的出资人及经营管理人）与山东省滨州市沾化区古城镇西张王村村民委员会就村内 45. 21 亩集体土地签订租赁合同，用于厂房及其他项目的建设。2017 年 8 月 7 日，山东省滨州市沾化区国土资源局（以下简称沾化区国土局）因山东省某实业有限公司、杨某楠（系杨某义之子、山东省某实业有限公司法定代表人）非法占地作出行政处罚，责令其拆除违法占地上的建筑物和其他设施、退还非法占用的土地、恢复土地原貌，并给予罚款，同时将该案件线索移送公安机关立案侦查。2018 年 2 月 7 日，沾化区国土局又向山东省某实业有限公司作出《履行行政处罚决定催告书》，山东省某实业有限公司仍未履行。在法定期限内，沾化区国土局未申请强制执行。2018 年 5 月 2 日，山东省滨州市沾化区人民法院作出刑事判决，认定杨某义、山东省某实业有限公司均构成非法占用农用地罪。之后，山东省滨州市人民检察院向济南铁路运输中级法院提起民事公益诉讼，请求判令杨某义、山东省某实业有限公司停止侵害，排除非法占用涉案耕地上的建筑物及设施，恢复土地原状。

【裁判结果】

济南铁路运输中级法院认为，杨某义、山东省某实业有限公司未经批准，以租赁形式长期非法占用涉案耕地建造厂房、污水处理设施等用于生产经营，造成涉案耕地大量毁坏，损害国家利益和社会公共利益。

本案检察机关提起民事公益诉讼符合法律规定，不受行政机关是否先期作出行政处罚、采取行政措施的制约。判决：（1）杨某义、山东省某实业有限公司立即停止对涉案耕地的非法占用，于本判决生效之日起六个月内自行拆除涉案耕地上的建筑物及设施并对涉案耕地进行修复，修复完成后应经当地行政主管部门验收合格；（2）上述第一项义务逾期未完成的，杨某义、山东省某实业有限公司应当交纳生态环境修复费用223633.65元；（3）杨某义、山东省某实业有限公司于本判决生效后十日内向山东省滨州市人民检察院支付鉴定费28400元。

山东省高级人民法院二审维持原判。

【典型意义】

本案是行为人因非法占用农用地被行政处罚和刑事制裁，在未履行行政处罚决定情形下，同时依法承担拆除违法建筑物、修复涉案耕地的民事责任的典型案例。保护耕地就是保护粮食安全，人民法院应当统筹适用多种法律责任，对农用地进行“全环节、全要素、全链条”保护。本案中，行政机关对非法占用耕地的行为作出行政处罚决定后，根据自然资源领域行政执法和刑事司法衔接机制的规定，将案件移送司法机关依法追究了当事人非法占用耕地行为的刑事责任。同时，人民法院依法支持检察机关提起的生态环境保护民事公益诉讼，判决当事人立即停止对涉案耕地的非法占用，拆除非法占用耕地上的建筑物及设施并对涉案耕地进行修复或承担生态环境修复费用，体现了保护耕地重在修复的理念。人民法院统筹协调行政、刑事、民事法律手段，有效衔接对同一违法行为的行政处罚、刑事制裁和民事赔偿三种责任，对严厉打击违法违规占用耕地违法犯罪行为，实现受损耕地的有效修复，形成耕地资源保护整体合力具有重要意义。

十、洛阳铁路运输检察院诉河南省栾川县自然资源局未全面履行职责行政公益诉讼案

【基本案情】

河南省栾川县某养殖专业合作社违法建设养鸡场总面积 9. 968 亩，造成了 8. 879 亩耕地（其中基本农田 6. 722 亩，一般耕地 2. 157 亩）的种植条件严重毁坏，违法建筑面积 4720. 17 平方米（合 7. 08 亩）。2022 年 1 月 18 日，河南省栾川县自然资源局（以下简称栾川县自然资源局）下达《责令停止违法行为通知书》《责令改正违法行为通知书》。1 月 19 日，河南省栾川县人民检察院向栾川县自然资源局发出检察建议。3 月 9 日，栾川县自然资源局经委托鉴定后认为该案已涉嫌刑事犯罪，遂将案件移交河南省栾川县公安局，对该案中止调查。12 月 8 日，河南省栾川县人民检察院发现栾川县某养殖专业合作社在行政复议和行政诉讼法定期满后，未恢复土地原貌，未达到种植条件。栾川县自然资源局未继续向人民法院申请强制拆除违法建筑，也未采取恢复土地种植条件措施。洛阳铁路运输检察院提起行政公益诉讼，请求判令栾川县自然资源局依法全面履行法定职责。诉讼过程中，栾川县自然资源局根据“三区三线”划定成果，对栾川县某养殖专业合作社作出了相应的行政处罚，洛阳铁路运输检察院将诉讼请求变更为确认原行政行为违法。

【裁判结果】

郑州铁路运输法院认为，栾川县某养殖专业合作社未经批准占用耕地建设养鸡场，栾川县自然资源局将案件移交公安机关后中止调查，存在未依法全面履行职责的问题。诉讼中，栾川县自然资源局对栾川县某

养殖专业合作社作出相应的行政处罚。判决：确认栾川县自然资源局未依法全面履行职责的行为违法。

栾川县自然资源局未提起上诉，本案一审生效。

【典型意义】

本案是人民法院依法监督行政机关应当依法全面履行保护耕地职责的典型案例。珍惜、合理利用土地和切实保护耕地是我国的基本国策。土地管理法第六十七条第一款规定了县级以上人民政府自然资源主管部门对违反土地管理法律、法规的行为进行监督检查的职责。本案中，栾川县自然资源局发现某养殖专业合作社非法占用基本农田构成犯罪后，不仅要移送公安机关追究刑事责任，还要继续履行职责，向人民法院申请强制拆除基本农田上的违法建筑，督促违法当事人履行土地复垦义务，或者违法当事人拒不复垦的，责令其缴纳土地复垦费并代为组织复垦。栾川县自然资源局将案件移送公安机关后怠于履行上述法定职责，导致土地未能复垦，损害国家和公共利益。检察机关依法提起行政公益诉讼，人民法院判决确认栾川县自然资源局未依法全面履行职责的行为违法，充分彰显了人民法院服务法治政府建设、依法监督行政机关全面履行守护耕地安全和粮食安全职能的责任担当。

最高人民法院相关部门负责人就人民法院依法保护农用地典型案例答记者问

2024年1月10日，最高人民法院举行人民法院依法保护农用地典型案例新闻发布会。最高人民法院环资庭、最高人民法院民一庭、最高人民法院行政庭相关负责人出席发布会，发布人民法院依法保护农用地典型案例，并回答记者提问。

问：农村土地对农业农村发展和农民增收具有重要作用。请介绍一下人民法院在民事审判中如何保护和实现农用地价值。

答：农用地既是农业生产的重要基石，又是经济发展的重要因素和资源。人民法院完整、准确、全面贯彻新发展理念，着力服务保障乡村全面振兴，充分保障农民和农业经营主体在农用地上依法享有的财产权益。在涉及土地承包经营权转让、土地经营权流转等纠纷中依法确认、支持和保护当事人享有的合法利益，促进土地资源合理有效配置，土地利益充分释放。

实践中，对于农用地权利因各种方式转让、流转后导致的土地荒芜、地力减损甚至土地被污损破坏等情形，人民法院坚决予以制止和否定。本次发布的两个涉农用地民事保护案例（案例四、案例五）就充分体现了民事审判依法保护农用地不因流转而被“非农化”、不受非法侵害的基本立场。这两个案例体现出的民事司法理念，对于规范引导土地经营权人合法流转、合理使用农用地具有良好的示范意义。具体体现在以下两个方面。

一方面，对擅自变更农用地用途或闲置撂荒农用地的合同，人民法院依法判令解除，使农用地及时恢复农业用途，便于合理开发利用。依法成立的土地承包合同、土地经营权流转合同对合同当事人具有法律约束力，各方均应依约履行。承租人擅自变更土地用途，将约定用于农业种植的租赁土地用于非农业经营建设，或者闲置农用地导致土地撂荒，既违反合同约定，也违反法律规定。人民法院依法判令解除，解除后相应地停止履行、恢复原状，对于贯彻落实农用地保护政策，引导基层群众、社会组织和有关方面增强保护农用地的积极性、主动性，筑牢农用地保护屏障，维护粮食安全具有重要意义。

另一方面，积极延伸审判职能，促推做实做细农用地保护。在涉及农用地使用纠纷案件审理中，人民法院切实避免机械司法，避免“走程序”一判了事，而是根据案件具体情况和特点，采取恰当方式促推做实做细农用地保护。比如，在案例四中，针对土地被破坏的原因以及及时恢复的必要性，人民法院及时向有关责任单位发出司法建议，促使采取加强宣传、定期巡查、联合执法等有效管用的措施加强土地看护、监管，及时认真开展复耕复种。在案例五中，针对土地已被撂荒且承租人无力继续经营的情况，人民法院充分运用调解方式，引导当事人就尽快归还土地、处理地上附着物、采取可行方式抵偿租金、土地复垦复耕等达成一致，最快速度推进农用地保护和利用，最大程度减少各方损失，实现了政治效果、法律效果和社会效果有机统一。总之，人民法院坚持通过一案促推治理一片，有利于做实做细农用地保护。

问：我们注意到，这次发布的典型案例中，有两件涉及行政诉讼。请问司法实践中违法行政行为破坏农用地的主要类型是什么？人民法院如何有针对性地监督行政机关，切实保护农用地？

答：通过对相关行政诉讼案件的分析，我们发现，违法行政行为导致农用地被破坏的情形主要有以下几种：一是违反法定程序。有的行政机关未经农用地转用和集体土地征收法定审批程序，未批先征，未批先用，或者化整为零、拆分违规审批占用农用地。二是不履行法定职责。有的行政机关未能依法及时发现、查处破坏农用地的违法行为，对破坏农用地违法行为的打击力度不够。三是监督责任不到位。有的行政机关对于违法行为人作出处理后，未认真监督相关义务主体履行复耕复种、赔偿违法占地损失、落实耕地占补平衡政策等后续义务，没有实现农用地保护的实质效果。四是保护农民合理用地需求认识不到位。有的行政机关在行政执法过程中机械适用法律，未对农民合理用地需求与破坏农用地违法行为作出区分，违法强制拆除设施农业相关建筑物、构筑物等，损害农民的合法权益，破坏农用地的合理、有效使用。

针对上述问题，各级人民法院行政审判部门认真学习贯彻习近平总书记重要指示批示精神，切实把思想和行动统一到党中央决策部署上来，坚决落实最严格的耕地保护制度，做好以下工作。

一是通过严格依法审理相关案件“治已病”。近年来，各级人民法院行政审判部门始终把农用地保护类案件作为重点案件，强化对土地征收、违法占地等案件的审查力度，严把土地用途及用地程序关，加强对农用地保护违法行政行为的监督力度，以“零容忍”态度严厉打击破坏农用地的违法违规行为，切实维护农民合法权益，实质化解相关行政争议。同时，人民法院加大非诉强制执行力度，对需要强制拆除的农用地上的违法建筑、设施等，推动落实“法院裁定准予执行、政府组织实施”的“裁执分离”强制执行机制。

二是通过坚持能动司法理念“治未病”。近年来，各级人民法院行政审判部门积极延伸行政审判职能作用，主动参与社会治理，通过参与论证、提供法律咨询意见等方式，帮助行政机关在事关农用地使用的重大改革措施出台、重大政策制定或调整、重大工程项目建设等事项中，建立决策风险合规评估机制；同时，定期对相关案件进行排查梳理、分析研判，充分运用司法建议、行政审判白皮书等形式，对农用地行政执法中的普遍性、倾向性、趋势性问题提出预警及治理建议，有效防止各类纠纷矛盾的发生。

三是通过完善相关规则“管长远”。对破坏农用地违法行为的治理，必须要完善法治，健全监管体制，建立长效治理机制，更好地发挥法治固根本、稳预期、利长远的保障作用。为此，最高人民法院制定出台了《关于审理涉及农村集体土地行政案件若干问题的规定》《关于审理行政赔偿案件若干问题的规定》等一系列相关司法解释、批复答复。比如，我们此次发布的案例六、案例七，就是上述审判规则的具体运用。下一步，人民法院还将针对乱占耕地建房等方面的法律适用问题，进一步制定和出台相关政策。

问：我们注意到，这次发布的典型案例中，有村集体为牟利放任非法占用农用地犯罪的情况。请问最高人民法院发布相关典型案例是要释放什么样的信号？

答：实践中，部分村民委员会、村民小组等基层组织为牟利实施了放任非法占用农用地犯罪的行为。在发展农村经济中，发包土地、收取土地承包金是提高村集体收入，发展农村经济最常见的方式之一。特别是随着经济社会迅速发展，一些地方的农村加大招商引资力度，引进社会资本，以土地流转、租赁等方式开展多种经营。但由于法律意识不强，一些村民委员会、村民小组等基层组织为收取高额流转费，不按照土地管理法规的规定进行土地发包，随意变更土地用途、毁坏农用地等现象时有发生，导致在承包土地过程中非法占用农用地的问题比较突出。涉案土地大多以苗木移栽、农业养殖等“合法”名义签订土地流转协议，但实际多用于非法采石、采矿、采土、办企业、建厂房等非农用途。有的村民委员会、村民小组等基层组织为谋取利益，甚至主动实施破坏农用地犯罪行为。

我国土地管理法第十一条规定，农民集体所有的土地依法属于村农民集体所有的，由村集体经济组织或者村民委员会经营、管理。村民委员会、村民小组以及农村合作社等基层组织是土地经营管理主体，也是守护农用地的第一责任主体，是第一道防线，这道防线一旦失守，将给农用地保护带来严重影响。应当认识到，即使是为了集体利益，村民委员会、村民小组等基层组织也无权擅自改变土地性质和用途。

人民法院通过妥善审理相关案件，进一步压实了村民委员会、村民小组、村民等农用地所有权人、使用权人的管理和保护责任，努力从源头减少非法占用农用地违法犯罪行为。比如案例一、案例四，就是典型的村民委员会和村民小组没有尽到管理责任，甚至违法使用土地的典型案例。这类案件，反映出村民委员会、村民小组等基层组织在保护和管理农用地方面存在履职失位的问题，也暴露出部分地区基层组织农用地保护意识不强，生态文明意识有所欠缺的问题。我们希望通过发布这类典型案例，给基层农用地管理单位和责任人员敲响警钟，引导其依法履行合理利用土地资源、保护和改善生态环境的管理职责，进一步牢固树立守好耕地保护红线和筑牢粮食安全底线的理念。

（来源：最高人民法院网站）

最高人民检察院

关于印发检察机关知识产权保护典型案例的通知

2024年4月19日

各省、自治区、直辖市人民检察院，解放军军事检察院，新疆生产建设兵团人民检察院：

为深入贯彻习近平法治思想和习近平文化思想，认真落实《知识产权强国建设纲要（2021—2035年）》，加强知识产权法治保障，有力支持全面创新，建设法治化营商环境，助推新质生产力发展，最高人民检察院选编“浙江兆某股份有限公司、方某君等六人侵犯商业秘密案”等9件案例作为检察机关知识产权保护典型案例，现印发你们，供各地办案时参考借鉴。

检察机关知识产权保护典型案例

目　录

4. 关某等三人侵犯商业秘密案

5. 许某俊等二十六人假冒注册商标、销售假冒注册商标的商品案

6. 叶某敏假冒注册商标案

7. 天长市新某有限公司与湛江市苏某有限公司、海口市椰某有限公司等不正当竞争民事纠纷抗诉案

8. 上海今某有限公司与上海市嘉定区市场监督管理局涉侵犯注册商标专用权行政处罚非诉执行监督案

9. “镇湖刺绣”知识产权保护行政公益诉讼案

1. 浙江兆某股份有限公司、方某君等六人侵犯商业秘密案

【关键词】

侵犯商业秘密罪　全链条打击　损失数额认定　证据保密措施

【要旨】

检察机关在办理侵犯商业秘密犯罪案件中，立足检察职能，采用多种方式推动深挖彻查，夯实证据体系，依法追诉侵犯商业秘密犯罪主犯。准确认定商业秘密权利人的损失数额，切实维护企业的合法权益。完善涉商业秘密证据在刑事诉讼过程中的保密措施，防止“二次泄密”，护航新技术新产业创新发展。

【基本案情】

青岛云某先进材料技术有限公司（以下简称云某公司）是一家上市的重点高新技术企业。为克服用于非晶带材生产设备在性能上存在的缺陷和不足，云某公司历时 8 年技术研发，成功改良喷包车、结晶器、

结晶器修磨机构等核心设备。

2016年5月至7月，浙江兆某股份有限公司（以下简称兆某公司）董事长、实际控制人方某君，安排兆某公司高管郁某坤、张某伟以兆某公司名义与云某公司员工于某、孟某和姜某鹏相继建立联系，以现金和高福利待遇利诱于某、孟某和姜某鹏，非法获取云某公司非晶带材生产线核心设备喷包车、结晶器、结晶器修磨机构相关技术秘密。兆某公司设立浙江中某新材料有限公司（以下简称中某公司），拟以非法获取的商业秘密搭建“兆某二期”新生产线。后方某君安排郁某坤、姜某鹏以中某公司名义订购相关涉密设备，安排于某等人从云某公司挖走10余名操作工人，搭建与云某公司相同的新型非晶带材生产线。该生产线试运转2个月后案发，产出的产品尚未流入市场。

经西南政法大学司法鉴定中心鉴定，云某公司涉案的喷包车、结晶器、结晶器修磨机构中包含的技术信息具有非公知性。经对姜某鹏随身携带的笔记本电脑、手机中提取的电子证据图纸和现场扣押图纸内的技术信息与云某公司主张的33个密点信息相比对，有23个相同，9个实质相同。经北京连城资产评估有限公司价值评估，涉案技术秘密研发费用评估价值人民币4007万元，对云某公司造成许可使用费损失人民币1953万元。

【检察机关履职情况】

2017年6月2日，山东省青岛市公安局即墨分局（以下简称即墨公安分局）接权利人报案后，对云某公司被侵犯商业秘密案立案侦查，姜某鹏、张某伟分别于2017年8月28日、11月28日被抓获归案，于某于2017年9月11日主动投案；经检察机关追诉，孟某、郁某坤分别于2018年4月23日、2020年4月29日主动投案，方某君于2020年4月22日被抓获归案。青岛市即墨区人民检察院（以下简称即墨区检察院）应邀就商业秘密认定及损失数额等问题与公安机关进行会商。本案中，犯罪嫌疑人窃取商业秘密后搭建了同类生产线，但产出的产品尚未流入市场，检察机关建议以商业秘密许可使用费认定本案的损失数额。同时针对侵权公司法定代表人方某君拒不认罪的情况，引导公安机关补充证据材料，全面固定证据。

2017 年 9 月 30 日、12 月 14 日、2021 年 5 月 28 日，即墨区检察院依法先后对姜某鹏、张某伟、方某君批准逮捕。

2017 年 11 月至 2021 年 8 月，即墨公安分局先后以姜某鹏、于某、张某伟、孟某、郁某坤、方某君涉嫌侵犯商业秘密罪向即墨区检察院移送审查起诉。检察机关重点开展以下工作：一是开展补充侦查，夯实证据体系。首先，全面审查案件，深挖背后主谋。公安机关最初仅对云某公司员工姜某鹏、于某、兆某公司员工张某伟进行侦查。经审查，云某公司技术人员孟某、兆某公司及其实际控制人方某君、高管郁某坤均涉嫌犯罪，遂向公安机关提出书面侦查取证意见，后公安机关相继对三人依法立案侦查。其次，开展自行补充侦查，追诉单位犯罪。公安机关将本案作为自然人犯罪移送审查起诉，检察机关开展自行补充侦查，查明本案系兆某公司为获取公司利益组织实施，应追究兆某公司刑事责任，遂依法追加单位犯罪。二是准确认定权利人损失，确定犯罪数额。本案中，兆某公司非法获取云某公司的商业秘密，成功搭建与云某公司相同的生产线，但该生产线仅试运转 2 个月即案发，产品尚未流入市场，无销售数额，故无法以违法所得额认定本案的犯罪数额。鉴于该商业秘密尚未因犯罪行为而被公众所知悉，未导致该商业秘密的价值彻底灭失，因此也不宜以商业秘密的研发成本认定损失数额。经过综合研判，最终以商业秘密许可使用费认定本案的损失数额。经评估，该商业秘密的许可使用费用为人民币 1953 万元。三是完善保密措施，加强对商业秘密的保护。对云某公司提出的涉案技术资料在刑事诉讼中存在泄露风险的顾虑，检察机关全面梳理可能的风险点，充分听取权利人的意见，在保证诉讼顺利进行的情况下，确定与商业秘密有关的证据范围及相应的保护措施；将涉案技术资料单独放置、单独管理，要求诉讼参与人签署保密协议；检察机关根据专家证人的需要，研究制定准确的证据目录，原则上只调取专业认定所需部分，最大限度防止权利人自主研发技术的“二次泄密”。四是制发检察建议，全面加强知识产权综合性司法保护。检察机关先后两次实地走访调研，向权利企业送达检察建议，推动从制度上堵塞知识产权保护漏洞，云某公司针对性建立了长期有效的涉密管理制度和保密教育机制。同时检察机关定期至企业进行普法宣讲，促进企业合规管理，取得良好的社会治理效果。

2018 年 6 月至 2021 年 11 月，即墨区检察院以侵犯商业秘密罪先后对被告人姜某鹏、于某、孟某、张某伟、方某君、郁某坤和被告单位兆某公司提起公诉。2018 年 11 月至 2022 年 12 月，青岛市即墨区人民法院采纳检察机关起诉意见和量刑建议，以侵犯商业秘密罪判处被告单位兆某公司罚金人民币三百万元，分别判处被告人方某君、郁某坤、姜某鹏、张某伟有期徒刑三年至五年不等，并处罚金人民币一百万元至二百万元不等；判处被告人于某、孟某有期徒刑一年，缓刑一年，并处罚金人民币五万元。部分被告人不服一审判决提出上诉，2019 年 4 月 18 日、2023 年 5 月 4 日，青岛市中级人民法院先后裁定驳回上诉，维持原判。

【典型意义】

（1）依法追诉侵犯商业秘密犯罪幕后主犯和单位犯罪。检察机关综合运用重大疑难案件听取意见、自行补充侦查等方式，落实侦查监督与协作配合机制，夯实证据体系。检察机关在对权利人的“内鬼”提起公诉的同时，继续深挖彻查，成功追诉侵犯商业秘密犯罪的主谋，并依法追加认定单位犯罪。检察机关坚持对侵犯商业秘密犯罪全链条打击，从幕后主使人到利诱联络人、再到窃取泄露技术秘密的相关技术人员均受到法律制裁。

（2）准确适用权利人损失计算方法认定具体数额。司法实践中，侵犯商业秘密犯罪案件的情形较为复杂，对犯罪数额的认定，应当区分不同情形采取相应的计算方法。检察机关深入研判，全面审查涉案商业秘密是否因犯罪行为而为公众所知悉、侵权人窃取的商业秘密是否投入生产、产品是否流入市场、有无销售数额等关键事实，以商业秘密的许可使用费准确认定犯罪数额。

（3）全面研判商业秘密在刑事诉讼过程中的“二次泄密”风险点，加强对涉密证据的全过程保护。侵犯商业秘密犯罪案件中，权利人往往担心商业秘密在刑事诉讼过程中发生“二次泄密”。检察机关在办理该类案件时，针对具体情况，充分听取企业意见，全面梳理刑事诉讼过程中的泄密风险点，有针对性地制定保护措施，在有效保证案件诉讼程序顺利进行的同时，最大限度地降低涉案商业秘密泄露的风险，为企业提供精准化法律服务。

2. 刘某生等三人侵犯著作权案

【关键词】

侵犯著作权罪　医疗设备软件　避开技术措施　全生命周期保护

【要旨】

侵犯著作权罪中“故意避开或者破坏技术措施”的认定，应在查明技术手段运行原理的基础上围绕技术措施的保护对象、保护目的、保护效果予以综合判断。检察机关依法惩治故意避开技术措施型侵犯著作权犯罪行为，全链条打击制造源头与销售传播各环节。健全数字版权保护体系，凝聚支持全面创新的社会合力，落实对知识产权全生命周期保护，服务数字经济创新发展。

【基本案情】

权利人皇家飞某浦有限公司及其关联公司（以下简称飞某浦公司）、通某电气精准医疗有限责任公司（以下简称通某公司）均系 CT 机、血管机等医疗设备生产企业，创作发表了医疗设备软件、配套维修手册等作品。权利人为保护自身医疗设备软件的著作权及计算机信息系统安全，分别开发了安全认证系统、认证工具（俗称加密狗）、算码器软件等技术措施。加密狗内存储了权利人颁发的数字证书，使用人需要在计算机终端使用加密狗通过安全认证系统的身份核验，才能浏览使用被隐藏、限制的医疗设备软件功能。

2019 年 3 月至 2022 年 7 月，刘某生以营利为目的，未经上述权利人许可，自行制作用于避开技术措施的盗版加密狗工具，提供医疗设备维修手册等作品的下载链接，擅自复制星云工作站、AW 工作站、飞云工作站等医疗设备软件，提供医疗设备维修手册等作品的下载链接，利用网络平台销售传播，销售金额人民币 91 万余元。其间，刘某生又指使刘某开设闲鱼账户，销售前述盗版加密狗和盗版医疗设备软件，共同销售金额人民币 14 万余元。

2020 年 3 月至 2022 年 7 月，刘某旺以营利为目的，未经权利人许可，从网上购得盗版加密狗工具，擅自复制算码器等医疗设备软件，提供医疗设备维修手册、算码器软件等作品的网盘下载链接，并利用网络平台销售传播，销售金额人民币 15 万余元。

经鉴定，上述三人销售的盗版加密狗均具有通过安全认证系统身份核验的功能，可以避开权利人为其医疗设备软件采取的技术措施；销售传播的盗版软件均与权利人的作品实质相同。

【检察机关履职情况】

2022 年 1 月 5 日，上海市公安机关对本案立案侦查，并分别由上海市公安局对刘某生、刘某立案侦查，由上海市公安局普陀分局对刘某旺立案侦查。上海市人民检察院第三分院（以下简称上海三分院）、上海市普陀区人民检察院（以下简称普陀区检察院）启动重大疑难案件听取意见机制，建议公安机关重点开展以下侦查取证工作：一是查证涉案作品的权属情况。调取 30 余款医疗设备软件、安全认证系统创作发表、权属登记、软件版权声明及署名界面等证据。鉴于部分作品归属于跨国集团企业中多家关联公司，引导公安机关就境外权利人对境内关联公司授权、域外证据采信等进行专项取证。二是委托司法鉴定，引导权利人就涉案作品与加密狗工具开展鉴别说明工作。综合司法鉴定机构鉴定意见与权利人鉴别意见，犯罪嫌疑人制造、销售的盗版加密狗均能够通过安全认证系统的身份核验，并包含多于正版加密狗的软件使用权限，涉案医疗设备软件均与权利人的作品构成实质相同。三是查明侵权软件使用风险。使用盗版加密狗和盗版软件维修精密医疗设备，将对医疗设备正常稳定运行带来明显的不确定性，增加误诊、漏诊发生的概率，可能造成患者就诊信息数据泄露。

2022 年 9 月 2 日，上海三分院对刘某生批准逮捕。2022 年 12 月 2 日，公安机关以涉嫌侵犯著作权罪分别将刘某生、刘某和刘某旺移送上海三分院和普陀区检察院审查起诉。检察机关重点开展以下工作：一是充分考察研判，明确技术措施的用途及有效性。检察机关通过实地走访、调研权利人应用的安全认证系统和加密狗工具，了解技术措施的运行原理、医疗设备维修人员的管理模式，查明维修权限认证的获取路径，明确权利人相关技术措施系为保护著作权而采取并具备有效性。二是深挖犯罪链条，依法追诉漏罪。检察机关审查发现公安机关遗漏了刘某旺通过分享网盘链接、在二手电脑复制安装软件的方式销售传播权利人作品的事实，遂依法适用侵犯著作权罪中关于未经许可复制发行、通过信息网络传播作品的条款予以追加认定。三是制发检察建议，助推诉源治理。检察机关向权利人制发社会治理检察建议，针对案件反映出的知识产权保护风险点，提出填补技术措施漏洞、提高维修保障响应时效等优化建议，维护公众医疗活动安全。

2023 年 1 月 31 日、2 月 20 日，普陀区检察院、上海三分院以侵犯著作权罪分别对被告人刘某旺和刘某生、刘某提起公诉。检察机关同步保障权利人参与庭审，发表技术意见与权利主张，辅助法庭查明事实。2023 年 4 月 12 日，上海市第三中级人民法院、上海市普陀区人民法院分别作出一审判决，均采纳检察机关起诉意见和量刑建议，以侵犯著作权罪分别判处被告人刘某生、刘某、刘某旺三人有期徒刑一年至三年二个月不等，并处罚金人民币八万元至七十万元不等，对刘某和刘某旺适用缓刑。各被告人均未提出上诉，判决已生效。

案件办结后，为满足著作权技术措施等新技术、新业态的保护需要，检察机关走访调研区域软件产业园区，会同上海市版权协会等单位发布《企业数字版权技术措施保护与合规指引》，支持、鼓励权利人健全数字版权保护体系，促进技术措施发展应用，协调保护数字版权与网络安全，提示可能存在的安全漏洞与合规风险，维护良好市场经济秩序。

【典型意义】

（1）明确间接规避技术措施行为的刑事规制路径。刑法修正案（十一）在侵犯著作权罪中新增了“故意避开或者破坏技术措施”条款。提供规避手段和工具的间接规避行为属于侵犯著作权链条中的一环，严重损害著作权人合法权益，应纳入刑事规制范畴。未经权利人许可，故意制造、出售主要用于避开、破坏刑法第二百一十七条规定的技术措施的装置或者部件，或者故意为他人避开、破坏技术措施提供技术服务，违法所得数额、非法经营数额达到相应标准的，应当以侵犯著作权罪追究刑事责任。

（2）准确把握著作权法意义上技术措施认定条件。本案中，明确涉案技术措施系权利人为保护软件作品而采取的有效技术措施，是认定被告人实施避开或者破坏技术措施犯罪行为的前提。检察机关围绕保护对象、保护目的与保护效果予以综合判断，结合涉案计算机软件等作品原件、鉴定意见、被告人供述和辩解、权利人陈述、证人证言等证据，审查技术措施保护目的，从技术措施的原理、功能出发查明技术措施是否以保护作品为目标功能。同时，注意审查技术措施保护效果，确保技术措施在通常情况下能够稳定、有效地实现限制他人接触或传播作品的功能。

（3）依托一体履职全产业链打击犯罪，结合行业特点积极开展合规治理。对于持续时间长、销售范围广、犯罪数额大的链条式犯罪，检察机关应坚持一体履职、凝聚工作合力，对各环节犯罪进行高效打击，有力震慑不法行为，扩大案件的警示教育效果。依法能动履职，通过制发具有针对性、实效性的检察建议，长效保护相关经营者、消费者及社会公众合法利益。联合行政监管机关、行业协会等健全行业合规规范，构建数字版权保护体系，共同促进行业治理，做实知识产权全生命周期保护，依法保护和规范数字技术、数字产业和数字市场健康发展。

3. 重庆乾某机械设备有限公司、官某、李某侵犯著作权案

【关键词】

侵犯著作权罪　计算机软件　非法经营数额　企业合规

【要旨】

通过反向工程获取芯片中的计算机软件代码后，未经许可复制该软

件代码用于制售同款芯片的，属于非法复制发行计算机软件行为。检察机关审查认定侵权芯片只是非法制售的数控系统中的组成部分，综合考虑芯片在数控系统中的作用、价值占比等因素，准确认定非法经营数额。贯彻宽严相济刑事政策，依法开展涉案企业合规整改，加强释法说理，帮助被害企业挽回经济损失。

【基本案情】

2012年起，重庆乾某机械设备有限公司（以下简称乾某公司）与成都鑫某瑞数控技术有限公司（以下简称鑫某瑞公司）开展业务合作，从鑫某瑞公司采购机床数控系统。2017年底，乾某公司负责人官某为谋取非法利益，委托公司临聘人员李某从鑫某瑞公司机床数控系统主板芯片中逆向破解软件代码，用于生产988T系列数控系统产品。截至2021年9月，乾某公司共计生产、销售988T系列数控系统产品305台。2021年11月9日，公安机关从乾某公司查获988T系列数控系统产品89台，已烧录的主板380块。经查明，乾某公司与鑫某瑞公司前期合作时购买芯片的价格为300元/块。乾某公司非法经营数额为人民币23.2万元。

经鉴定，上述988T系列数控系统产品主板芯片中十六进制代码程序与鑫某瑞公司享有著作权的芯片中源代码程序经编译转换生成的十六进制代码相似度为99.99%。

【检察机关履职情况】

本案系最高人民检察院、国家版权局等六部门联合挂牌督办案件。2021年12月21日，重庆市公安局北碚区分局（以下简称北碚公安分局）根据版权执法部门移送线索立案侦查。重庆市北碚区人民检察院（以下简称北碚区检察院）对公安机关侦查取证提出以下建议：一是查明是否涉嫌侵犯商业秘密犯罪。针对犯罪嫌疑人辩称通过反向工程获取芯片中的十六进制代码的情况，重点查明相关技术手段是否可行，犯罪嫌疑人是否具有反向工程能力。二是查明销售侵权商品数量。调取相关销售票据，结合数控系统产品购买方的证言、官某的供述等综合认定。三是查清数控系统的组成部分、各部分功能以及在数控系统中的价值比例。

2022 年 5 月 30 日，北碚公安分局将该案移送北碚区检察院审查起诉。检察机关重点开展以下工作：一是依法认定案件性质。乾某公司未经著作权人许可，通过反向工程获取芯片中的十六进制代码后用于制售同款芯片，属于非法复制发行计算机软件行为。二是准确认定非法经营数额。公安机关移送审查起诉时，以侵权数控系统的整体价值人民币 75 万元作为非法经营数额，检察机关经审查并咨询相关领域技术专家，明确涉案芯片只是数控系统的组成部分，应当综合考虑芯片在数控系统中的价值比例认定非法经营数额。同时，被侵权软件代码封存于芯片内，系芯片的主要价值所在，可以按芯片整体价值认定侵权产品价值。三是积极开展涉案企业合规整改。检察机关收到乾某公司提出的合规整改申请后，全面审查该公司工商、就业、纳税等材料，会同相关部门实地走访考察，依法启动涉案企业合规整改和第三方监督评估机制。整改期间，乾某公司建立了产品研发、生产、销售审批制度，健全了知识产权管理和合规风险管控机制。经第三方监管评估组织考察验收，认定涉案企业整改合格。四是贯彻宽严相济刑事政策，积极追赃挽损。检察机关加强释法说理，促使官某、李某、乾某公司自愿认罪认罚，共计退赔鑫某瑞公司人民币 29. 8 万元。

2023 年 11 月 30 日，北碚区检察院对乾某公司、李某作出不起诉决定，以侵犯著作权罪对被告人官某提起公诉。同年 12 月 21 日，重庆市北碚区人民法院作出一审判决，采纳检察机关起诉意见和量刑建议，以侵犯著作权罪判处被告人官某有期徒刑二年，缓刑三年，并处罚金人民币十二万元。被告人未提出上诉，判决已生效。

【典型意义】

（1）准确认定侵犯计算机软件著作权犯罪行为性质。检察机关办理涉计算机软件类案件，要全面审查案件事实和证据，精准认定行为性质，依法加强对计算机软件的知识产权保护。本案中，对于以营利为目的，未经权利人许可，通过反向工程从采购的芯片中获取计算机软件的十六进制代码后，用于制售芯片获利的，属于非法复制发行计算机软件行为，违法所得数额较大或有其他严重情节的，检察机关依法以侵犯著作权罪追究刑事责任。

（2）综合考虑侵权软件在整体产品中的价值比例，合理认定非法经营数额。本案中的芯片作为机床数控系统中可分割的独立单元，应合理认定该芯片在系统中的功能作用和价值比例，不宜以机床数控系统整体价值来认定非法经营数额。同时，侵权软件代码封存于芯片内，系芯片的主要价值所在，与芯片密不可分，应以芯片价值认定侵犯著作权罪的非法经营数额。

（3）依法开展涉案企业合规，践行治罪与治理并重理念。检察机关办理侵犯知识产权犯罪案件，相关企业符合启动合规程序条件的，依法及时启动涉案企业合规整改程序。贯彻宽严相济刑事政策，对经合规整改合格的涉案企业和认罪认罚人员依法从宽处理。注重将追赃挽损、矛盾纠纷化解贯穿案件办理全过程，帮助受害企业挽回经济损失，护航企业高质量发展。

4. 关某等三人侵犯商业秘密案

【关键词】

侵犯商业秘密罪　经营信息　追加起诉　协同保护

【要旨】

经营信息类商业秘密能为权利人带来市场竞争优势，应予依法严格保护。检察机关在办案中依法能动履职，厘清法律适用疑难问题，积极开展自行补充侦查，依法追诉漏罪漏犯。针对外贸类民营企业商业秘密被侵犯后维权难的现实困境，推动知识产权协同保护，建立各部门协调联动的一体化保护格局。

【基本案情】

宁波凯某国际贸易有限公司（以下简称凯某公司）于 2003 年注册成立，主营各类货物的进出口业务。德国进口商 S 公司系凯某公司的客户，该公司特定联系人自 2009 年起向凯某公司询价，自 2012 年起代表 S 公司向凯某公司采购手推车及配件、捆绑带等各类产品。凯某公司与 S 公司在交易过程中形成的联系人及电子邮箱、交易历史、交易金额、客户需求、客户的形成与维护等信息，经鉴定属于不为公众所知悉的经营信息。

关某于 2007 年入职凯某公司，2018 年 7 月离职，先后担任业务部门的业务助理、经理等职务，负责对 S 公司的外销业务和客户维护工作。在职期间，关某与凯某公司签订《劳动合同》及《商业秘密保密协议》，约定员工对公司的商业信息负有保密义务。

2014 年 4 月，关某注册成立了宁波贯某国际贸易有限公司（以下简称贯某公司），自 2016 年起使用凯某公司的上述经营信息，以贯某公司名义与 S 公司及该公司特定联系人开展与凯某公司同类产品的外销业务。关某 2018 年 7 月从凯某公司离职时，擅自将凯某公司与 S 公司交易的电子邮件、凯某公司的采购合同带至贯某公司，并伙同张某、朱某利用上述经营信息，继续向 S 公司销售产品。经审计，2016 年至 2021 年底，关某等人向 S 公司出口与凯某公司同类产品，销售金额累计人民币 6280 余万元，给凯某公司造成直接经济损失人民币 577 万余元。

【检察机关履职情况】

2019 年 7 月 30 日，浙江省宁波市公安局接宁波市市场监督管理局移送线索，以贯某公司涉嫌侵犯商业秘密罪立案侦查，并于 2020 年 10 月 14 日以关某、贯某公司涉嫌侵犯商业秘密罪移送审查起诉。宁波市人民检察院将本案移交宁波市鄞州区人民检察院（以下简称鄞州区检察院）办理。鄞州区检察院审查后认为，贯某公司自成立起经营活动就是与 S 公司开展外贸交易，属于关某为进行违法犯罪活动而设立的公司，不构成单位犯罪，应直接追究关某个人的刑事责任。检察机关重点开展以下工作：一是准确认定深度客户信息构成商业秘密。经审查，案涉经营信息载有凯某公司与 S 公司交易的特定联系人及邮箱、采购产品需求、质量要求、交易产品类型、交易量、交易价格、付款条件、供货工厂信息等多个核心交易要素，系凯某公司针对特定客户在长期经营活动中逐渐积累、完善、归纳形成，是一组完整且相互关联的深度综合信息，并非所属领域人员普遍知悉或容易获取的浅度信息，应当认定为商业秘密。二是审查证实关某实际使用了权利人的商业秘密。检察机关开展自行补充侦查，调取凯某公司与 S 公司往来邮件、购销合同等原件资料，与关某离职时带至贯某公司的经营资料进行逐一比对，证实两者完全一致，再对贯某公司与 S 公司的往来邮件、交易合同等书证仔细核查，采用列表方式与凯某公司经营信息逐一比对，证实实质相同，且关某在与 S 公司磋商价格时多次引用凯某公司的报价作为参考。三是排除个人信赖抗辩。关某及其辩护人提出，S 公司系基于对关某个人的信赖而与凯某公司进行交易，关某离职后，S 公司自愿选择与关某的公司交易。对此，检察机关夯实证据予以澄清。首先，S 公司与凯某公司的首次交易系由 S 公司发起询价，其后开始长期交易，先后由蒋某、关某进行对接经办；根据电子邮件内容，促成双方交易的是凯某公司提供的商品质量、价格及服务，而非对某个经办人的信赖。其次，个人信赖抗辩的适用条件是员工离职后，而关某早在凯某公司任职时期就利用凯某公司的经营信息，以贯某公司的名义与 S 公司进行交易，不适用个人信赖免责原则。四是合理计算损失金额。根据外贸企业利润率计算多以产品销售金额为基数的行业特点，检察机关提出采用侵权商品销售金额乘以权利人同类产品利润率的方法，为同类案件的犯罪金额计算方式提供了参考路径。五是追加起诉犯罪事实。检察机关经审查发现，关某在刑事立案后取保候审期间，仍以他人名义成立外贸公司与 S 公司继续交易。遂联合公安机关，运用海关外贸出口数据平台筛查出涉案外贸公司，查实关某在行政调查甚至在刑事立案后，仍在同案犯的配合下继续实施侵权行为且交易金额高达人民币 5000 多万元。检察机关当即变更强制措施，决定逮捕关某，追加认定犯罪造成损失数额人民币 490 余万元，并建议公安机关立案侦查同案犯张某和朱某。

2022 年 1 月、8 月，鄞州区检察院以侵犯商业秘密罪分别对被告人关某和张某、朱某提起公诉。2023 年 1 月、9 月，宁波市鄞州区人民法院（以下简称鄞州区法院）作出一审判决，采纳检察机关起诉意见和量刑建议，以侵犯商业秘密罪判处被告人关某有期徒刑四年，并处罚金人民币四百万元；分别判处被告人张某、朱某有期徒刑一年八个月，缓刑两年，并处罚金人民币四万元和五万元。关某不服一审判决提出上诉，2023 年 4 月 13 日，宁波市中级人民法院裁定驳回上诉，维持原判。

针对办案过程中发现的当地外贸行业商业秘密保护管理漏洞和风险点，鄞州区检察院联合鄞州区法院向宁波市外贸协会共同制发建议，引导外贸企业健全和落实商业秘密保护措施。宁波市外贸协会予以采纳，联合多家单位出台跨部门外贸协作机制，在 100 余家外贸企业开展商业秘密风险自评，对 1 万余名外贸从业人员开展培训。2023 年 5 月，鄞州区检察院联合鄞州区公安分局、市场监管局、商务局、工商联、海关等部门会签《加强外贸行业经营信息类商业秘密协同保护战略合作协议》，合力推动外贸行业公平竞争、健康有序发展。同年 11 月，鄞州区检察院出台《涉企知识产权维权举证指引》，为市场主体被侵犯知识产权后如何维权指明路径。

【典型意义】

（1）加强经营信息类商业秘密司法保护，护航外贸市场健康发展。经营信息是商业秘密的重要形式，对市场主体尤其是外贸企业获得竞争优势具有重要的商业价值。检察机关在本案办理中，积极开展自行补充侦查，解决了侵犯经营信息类商业秘密“入刑难”等问题。综合分析经营信息的形成过程、具体内容，重点研判是否属于企业长期积累形成的深度综合性经营信息以及犯罪嫌疑人是否实际使用了该信息，详细审查客户开发和维护过程、相关交易时间等客观事实，综合全案证据，甄别犯罪嫌疑人关于客户与企业交易系基于对特定员工个人信赖的辩解。同时，检察机关坚持数字赋能，充分运用海关外贸出口数据平台查实全部犯罪事实，追诉漏罪漏犯，确保事实清楚、追诉到位。

（2）推动多部门协同保护，积极融入综合治理大格局。检察机关立足个案办理经验，结合地区经济发展和行业特点，通过会同人民法院联合制发社会治理建议、牵头多部门签订战略合作协议、出台知识产权维权举证指引等方式，建立跨部门知识产权协同保护与联动的“快速响应”机制，多维度提升外贸行业经营类商业秘密保护水平，有效解决阻碍民营企业健康发展的“顽疾”，合力推动外贸行业公平竞争，促进健康有序发展。

5. 许某俊等二十六人假冒注册商标、销售假冒注册商标的商品案

【关键词】

假冒注册商标罪　销售假冒注册商标的商品罪　宽严相济　全链条打击　平等保护

【要旨】

检察机关在办理涉案人数多、范围广、案情复杂的制假售假案件时，充分发挥侦查监督与协作配合机制作用，及时提出侦查取证建议，完善证据链条，实现对产、供、销全链条的精准打击。贯彻宽严相济刑事政策，综合考虑涉案人员的地位、作用、非法获利及主观恶性等因素，分层分类处理。坚持平等保护理念，依法维护中外权利人的合法权益，助力优化法治化营商环境。

【基本案情】

2015 年 7 月至 2021 年 4 月，许某俊、庄某宽等人未经“ROLEX”（劳力士）注册商标所有人许可，合伙在广州市番禺区等地租赁仓库，采购未打标识的手表机芯，委托侯某雁等人拆解机芯并刻印“ROLEX”标识，向蔡某兴等人采购刻有“ROLEX”标识的手表表带、表壳等零配件，雇用曾某丰等人组装，并进行质检和封包后，销售给汪某等一级代理，之后再销售给余某然等二级、三级销售代理。代理商通过网络平台广告引流进行宣传，组建销售微信群、实体店铺销售等方式对外销售。上述人员的非法经营数额为人民币 23 万余元至 3. 32 亿余元不等，

违法所得为人民币 5 万元至 2075 万余元不等。

【检察机关履职情况】

2021 年 2 月 19 日，江苏省镇江市公安局润州分局（以下简称润州公安分局）接到多起市民购买到假冒劳力士手表的报案后，以余某然等人涉嫌假冒注册商标罪立案侦查。镇江市经济开发区人民检察院（以下简称镇江经开区检察院）应邀派员介入侦查，鉴于手表机芯系从厂家购买的正规产品，组装产品质量符合相关标准，建议公安机关重点围绕侵犯商标权犯罪开展侦查：一是深挖制假源头，实现全链条打击。从链条最末端销售者的交易明细、采购订单、物流信息、微信用户层层分析，全面追查上游犯罪，依法查明侵权商品销售来源、运营模式和组织架构。二是厘清共犯认定思路，精准定罪。重点核实零配件供应商、仅参与售假的一级销售总代理是否与制假者构成共同犯罪。针对蔡某兴等 9 人与组装、生产假表者缺乏共同犯意联络，难以认定共同犯罪的情况，根据假冒“ROLEX”注册商标表带、表壳等的名称、用途，认定与注册商标核定使用的商品为“同一种商品”，其生产、销售零配件的行为单独构成假冒注册商标罪，并根据上述零配件的售价和数量单独计算非法经营数额。对于仅销售假冒手表不参与制假的汪某等销售代理，认定构成销售假冒注册商标的商品罪。三是准确认定犯罪金额。通过对制假售假团伙的记账本、涉案的 230 余张银行卡进行资金梳理及审计，并结合涉案人员言词证据，计算出每个犯罪嫌疑人的犯罪数额。四是区分情况分类处理。在提前介入阶段，检察机关综合全案情况和各人涉案情节，建议对制假源头人员采取羁押性强制措施；对制售假团伙中认罪悔罪态度好、作用相对小、获利相对少、社会危险性不大的涉案人员，建议采取非羁押性强制措施；对仅收取少量固定工资、情节显著轻微的人员可不作为犯罪处理。

2021 年 7 月至 2022 年 1 月，润州公安分局以假冒注册商标罪对许某俊、庄某宽、侯某雁、蔡某兴等 8 人，以销售假冒注册商标的商品罪对汪某、余某然等 7 人先后向镇江经开区检察院提请批准逮捕。镇江经开区检察院依法对上述 15 人批准逮捕。此外，润州公安分局对曾某丰等其余 11 人取保候审。

2021 年 10 月至 2022 年 3 月，润州公安分局先后以许某俊等 26 人涉嫌假冒注册商标罪、销售假冒注册商标的商品罪向镇江经开区检察院移送审查起诉。检察机关重点开展以下工作：一是依法追加漏罪漏犯。公安机关仅认定许某俊 2019 年 9 月至 2021 年 4 月非法经营数额人民币 1. 3 亿余元的事实，但经核实银行交易明细、讯问涉案人员，发现 2015 年 7 月至 2019 年 9 月许某俊还与庄某宽共同制售假表，且此时间段内许某俊与庄某宽有上亿元的交易流水，遂追诉庄某宽，进一步核实交易明细，强化对其他同案犯的讯问，最终许某俊非法经营数额由 1. 3 亿余元增加至 3. 32 亿余元，公安机关补充移送审查起诉非法经营数额人民币 1. 96 亿余元的制假者庄某宽。二是落实宽严相济刑事政策，督促认罪认罚。加强释法说理，促使 22 名犯罪嫌疑人在审查起诉阶段认罪认罚，3 名被告人在审判阶段认罪认罚。在提出量刑建议时，充分考虑每个人的具体行为、作用大小、获利金额、社会危害性、认罪认罚等情节，建议对制假源头主要人员适用实刑，对认罪悔罪态度好、涉案金额较小的制假从犯和销售商依法宽缓处理。三是依法保障权利人合法权益。检察机关走访权利人在国内的代理公司，送达侵犯知识产权刑事案件权利人诉讼权利义务告知书，告知权利救济途径和诉讼进展情况，并就涉案商品真伪、商标注册证核定使用的商品范围等听取意见，切实保障权利人的知情权和参与权。

2021 年 12 月至 2022 年 3 月，镇江经开区检察院分别以假冒注册商标罪、销售假冒注册商标的商品罪先后对许某俊等 26 人提起公诉。2023 年 6 月至 7 月，镇江经济开发区人民法院作出一审判决，采纳检察机关起诉意见和量刑建议，以假冒注册商标罪分别判处被告人许某俊、庄某宽、侯某雁、蔡某兴、曾某丰等14人有期徒刑一年至六年，并处罚金人民币六万元至五千万元不等；以销售假冒注册商标的商品罪判处被告人汪某、余某然等12人有期徒刑二年至五年七个月，并处罚金人民币十三万元至三百万元不等，部分适用缓刑。各被告人均未提出上诉，判决已生效。

【典型意义】

（1）深挖上游犯罪源头，实现全链条打击。本案被告人通过微信朋友圈售假，买卖“圈子”相对封闭，侵权商品的售价远低于市场价格，部分消费者知假买假，制售假线索发现难，查处难。本案由于买家不满售后服务而报警，前期侦查方向主要针对制假售假链条最末端的销假者，检察机关落实全链条打击侵犯知识产权犯罪工作要求，注重深挖上游犯罪线索，成功追诉侵权商品的制假者和零配件供应商，追加认定犯罪金额上亿元，形成全链条打击工作合力，实现“打源头、端窝点、断链条”的目标。

（2）贯彻宽严相济刑事政策，实现分层分类处理。本案制假售假层级分明、分工明确，涉案人数多，检察机关充分考虑团伙成员的参与程度、犯罪行为、违法所得、认罪悔罪态度等因素，准确评价各行为人的罪行大小和应当承担的刑事责任。将制假团伙负责人以及从事组织、管理等重要岗位工作的人员认定为主犯，依法从严惩处，建议适用实刑，并处以高额的罚金刑；将参与程度较低、作用较小、获利较少的人员认定为从犯，建议依法从宽处罚，部分适用缓刑；对仅收取少量固定工资、犯罪情节显著轻微的人员不作犯罪处理。

（3）坚持依法平等保护，助力优化法治化营商环境。本案侵权对象为国际知名商标，假冒手表销售至全国20多个省份，犯罪数额高达3.32亿余元，严重侵犯了商标所有人的合法权益和消费者利益。检察机关坚持对中外知识产权权利人依法平等保护的司法理念，严格落实侵犯知识产权刑事案件权利人诉讼权利义务告知制度，充分保障权利人的知情权和参与权，严惩侵犯知识产权犯罪，为各类市场主体经营发展营造法治化营商环境。

6. 叶某敏假冒注册商标案

【关键词】

假冒注册商标罪　非法经营数额　刑事抗诉　社会治理

【要旨】

检察机关办理假冒注册商标犯罪案件，应根据商标指示商品来源的作用，正确认定商标所标示的商品，区分独立商品和商品的组成部分，准确认定非法经营数额。对于法院判决确有错误的，检察机关加强上下级院一体履职，依法履行刑事抗诉法律监督职能，确保法律统一正确实施。

【基本案情】

德某西集团有限公司（以下简称德某西公司）系“DELIXI”注册商标所有人。2015年至2020年，叶某敏在未取得配电箱生产资质且未经德某西公司许可的情况下，伪造“DELIXI”标识铭牌安装在自己组装、配备的配电箱和配电柜上，后在内蒙古自治区、宁夏回族自治区等地进行销售，共售出配电箱447台、配电柜21台，非法经营数额共计人民币65.8万元。

【检察机关履职情况】

2020年6月5日，内蒙古自治区鄂尔多斯市乌审旗公安局以叶某敏涉嫌假冒注册商标罪立案侦查，并于同年10月21日向乌审旗人民检察院移送审查起诉。乌审旗人民检察院于2020年11月4日将案件报送内蒙古自治区鄂尔多斯市人民检察院（以下简称鄂尔多斯市检察院）审查起诉。检察机关重点开展以下工作：一是正确区分独立商品和商品的组成部分。经审查，确认叶某敏自行配置配电箱（柜），并将采购的正品元器件组装入箱（柜）内，然后将组装好的配电箱（柜）对外销售，应当将箱（柜）体与元器件视为一个整体商品。二是准确认定本案并非单位犯罪。单位犯罪应当同时具备“以单位名义实施犯罪”和“违法所得归单位所有使用”等构成要件。经审查，叶某敏虽以公司名义签订销售合同，但是其均以个人名义组织实施伪造商标标识、安装标识铭牌、组装配电箱（柜）、安装维修商品等犯罪行为，上述犯罪活动未经公司同意亦不能体现单位意志，且叶某敏指定其个人账户收取货款，违法所得并未归单位所有使用，因此检察机关认定本案不构成单位犯罪。

2021年2月4日，鄂尔多斯市检察院以假冒注册商标罪对叶某敏提起公诉，同年6月7日，内蒙古自治区鄂尔多斯市中级人民法院（以下简称鄂尔多斯市中级法院）作出一审判决，认定被告人叶某敏构成假冒注册商标罪，但认为叶某敏组装的配电箱（柜）与元器件并非捆绑关系，箱（柜）内元器件为正品，应当将元器件的价值在非法经营数额中核减，故仅以配电箱（柜）的箱体和柜体的价值计算非法经营数额为13.47万元，判处被告人叶某敏有期徒刑二年，缓刑三年，并处罚金人民币七万元。

鄂尔多斯市检察院审查后认为，一审判决将商品组成部分错误认定为独立商品，导致认定非法经营数额有误。本案中，叶某敏在配电箱（柜）内组装的正品元器件是作为配电箱（柜）的组成部分而存在，元器件并非独立商品，这有别于真假两种独立商品混合后对外销售。被告人叶某敏销售给客户的是配电箱（柜）成套商品，并非销售单独的元器件和外壳，或者两者的简单相加。商标的核心功能在于指示商品的来源，根据商业惯例和相关公众认知，本案商标标示的是配电箱（柜）的来源，而非元器件或者箱（柜）体外壳的来源。故应当以配电箱（柜）成套设备的整体价格 65. 8 万元认定非法经营数额，不应当核减元器件的价值。2021 年 6 月 17 日，鄂尔多斯市检察院认为一审判决存在错误、对被告人叶某敏的量刑畸轻，提起抗诉。内蒙古自治区人民检察院认为抗诉理由充分，一审判决确有错误，支持抗诉意见。内蒙古自治区高级人民法院二审审理后，裁定本案发回重审。

发回重审后，鄂尔多斯市检察院检察长列席了鄂尔多斯市中级法院的审判委员会。2022 年 12 月 30 日，鄂尔多斯市中级法院重新作出一审判决，采纳检察机关的抗诉意见，认定被告人叶某敏犯假冒注册商标罪，非法经营数额为 65. 8 万元，判处有期徒刑三年六个月，并处罚金人民币三十三万元。一审判决后，被告人叶某敏提出上诉。2023 年 6 月 15 日，内蒙古自治区高级人民法院二审裁定驳回上诉，维持原判，判决已生效。

由于叶某敏销售的假冒注册商标的配电箱（柜）主要用于机场、体育馆、居民小区等公共场所，案发后叶某敏一直未予更换侵权商品，存在一定的消防隐患。为保障人民群众人身财产安全，鄂尔多斯市检察院向该市市场监管和应急管理部门制发社会治理检察建议，督促履行行政监管职责，及时消除消防隐患。此外，鄂尔多斯市检察院还分别与假冒商品销售地宁夏回族自治区银川市、石嘴山市检察机关联系，告知本案假冒商品仍在使用的情况，由当地检察机关向辖区应急管理部门通报相关情况。

【典型意义】

（1）准确认定组装商品类假冒注册商标案件的犯罪数额。本案被告人非法制造和销售给客户的是配电箱（柜）成套商品，并非元器件和箱（柜）体外壳的简单相加，元器件是商品的组成部分而非独立商品，其商标的使用方式标示的亦是配电箱（柜）的来源，而非单独的元器件或者箱（柜）体外壳的来源。因此，应当以配电箱（柜）成套商品的价值认定非法经营数额，不予核减元器件价值。

（2）依法充分履行检察机关法律监督职能，确保法律统一正确实施。检察机关应当秉持客观公正的立场，在办理侵犯知识产权刑事案件中发现人民法院判决确有错误的，依法提出抗诉，认真分析法院不采信起诉意见的理由，提高抗诉的针对性和有效性。本案一审法院的判决对犯罪数额认定错误，检察机关在准确适用法律的基础上，加强上下级院一体履职，依法精准提出抗诉，监督纠正错误判决。

7. 天长市新某有限公司与湛江市苏某有限公司、海口市椰某有限公司等不正当竞争民事纠纷抗诉案

【关键词】

不正当竞争　有一定影响的包装、装潢　商标无效　抗诉

【要旨】

以商标及相关元素为核心进行设计的商品包装、装潢，如果商标因有不良影响而被宣告无效，则相关的商品包装、装潢也不具有获得法律保护的正当性基础，不应作为有一定影响的包装、装潢受到反不正当竞争法的保护。检察机关在监督中应当注重对类案的检索，精准抗诉，确保裁判标准统一。

【基本案情】

2018年4月12日，湛江市苏某有限公司（以下简称苏某公司）以

海口市椰某有限公司（以下简称椰某公司）、天长市新某有限公司（以下简称新某公司）等擅自使用其知名商品特有的包装、装潢，构成不正当竞争为由，诉至浙江省杭州市余杭区人民法院（以下简称余杭区法院）。

2018年10月28日，余杭区法院作出一审判决，认为：苏某公司为“特种兵生榨椰子汁”产品的授权生产商，享有知名商品的特有包装、装潢权。椰某公司、新某公司擅自使用与苏某公司知名商品近似的包装、装潢构成不正当竞争。判决椰某公司、新某公司停止对苏某公司的不正当竞争行为，赔偿苏某公司经济损失（含合理费用）15万元，驳回其他诉讼请求。新某公司不服，上诉至浙江省杭州市中级人民法院。2019年8月14日，二审判决驳回上诉，维持原判。新某公司向浙江省高级人民法院申请再审。2019年12月5日，法院再审裁定驳回新某公司的再审申请。

【检察机关履职情况】

新某公司向浙江省杭州市人民检察院（以下简称杭州市检察院）申请监督。检察机关受理该案后，重点开展以下工作：一是查明涉案包装、装潢构成要素中第11118542号“特种兵 THE SPECIAL ARMS 及图”商标的情况。经查明，该商标已被国家知识产权局裁定无效，认为“特种兵”是众所周知的兵种名称，将其作为商标用在核定商品上，容易使相关公众将商品与军用物资联系起来，易对我国政治、军事等公共利益和公共秩序产生不良影响，构成商标法第十条第一款第八项所指情形。后经行政诉讼，法院维持上述裁定。二是查明类似案件的裁判情况。与涉案包装、装潢构成要素中商标标志相同的第16972248号“特种兵 THE SPECIAL ARMS 及图”商标，已被法院认定属于有不良影响不得作为商标使用。最高人民法院在（2019）最高法民申4847号民事裁定和（2020）最高法民再133号民事判决中均认为，由于苏某公司主张的涉案包装、装潢的构成要素均指向特种兵，在已有生效判决认定“特种兵”文字及图形作为商标注册会产生不良影响的情况下，将“特种兵”文字作为显著识别部分的涉案包装、装潢同样不应当作为反不正当竞争法意义上的有一定影响的包装、装潢进行保护。

检察机关经审查认为，苏某公司的涉案商品包装、装潢是以“特种兵”商标及相关元素为核心进行设计构思，现有生效判决认定相关商标标志会产生不良影响，不得作为商标使用。法院已在类似案件中认定不应受反不正当竞争法保护的椰子汁商品的包装、装潢均与本案所涉情况基本相同。涉案商品包装、装潢将“特种兵”商标及相关元素作为显著识别部分，且包装、装潢中的迷彩图案等其他构成要素均与该商标文字及图形具有较高关联程度，故涉案包装、装潢不具有获得法律保护的正当性基础，不应作为有一定影响的包装、装潢受到反不正当竞争法的保护。杭州市检察院提请浙江省人民检察院抗诉。

2023 年 1 月 17 日，浙江省人民检察院向浙江省高级人民法院提出抗诉。2023 年 6 月 13 日，浙江省高级人民法院作出判决，认为：涉案包装、装潢是以“特种兵”商标及相关元素为核心进行设计构思，其中第 11118542 号商标在商品包装、装潢上得到完整呈现，“特种兵”商标及相关元素为涉案包装、装潢的有机组成部分，而非可以随意替换的要素。现已有生效判决认定与本案所涉商标标识完全相同的“特种兵”文字及图形作为商标注册会产生不良影响，在此情况下将“特种兵”商标及相关元素作为显著识别部分的涉案包装、装潢，因与该商标密不可分，易引发消费者将该包装、装潢的整体与“特种兵”产生联想，难以受到反不正当竞争法的保护。涉案迷彩图案等装潢中的其他构成要素与“特种兵”商标文字及图形具有较高关联程度，难以成为独立的权利基础，无法作为有一定影响的包装、装潢而受到反不正当竞争法的保护。浙江省高级人民法院判决：撤销一、二审判决，驳回苏某公司全部诉讼请求。

【典型意义】

(1) 分析商标与包装、装潢的关系，确定法律保护基础。根据反不正当竞争法第六条的规定，经营者擅自使用与他人有一定影响的商品包装、装潢相同或近似的标识而引起混淆，引人误认为是他人商品或者与他人存在特定联系，属于不正当竞争行为。某一商品包装、装潢围绕注册商标设计，注册商标及与注册商标有关的元素在包装、装潢上起到显著识别作用，当商标因有不良影响而被宣告无效，如果仍认可该包装、装潢受反不正当竞争法保护，则意味着不良影响因素将通过包装、装潢继续存在。在包装、装潢与此种被无效的商标密切相关、难以剥离的情况下，以商标及相关元素为核心进行设计的商品包装、装潢将不具有获得法律保护的正当性基础，不应作为有一定影响的包装、装潢受到反不正当竞争法的保护。

(2) 注重类案检索，确保监督质效。独特的包装、装潢在一定程度上起到识别商品来源的作用，能促进商品市场流通。经营者在设计包装、装潢时，应当注意避免使用容易产生不良影响的要素，不能损害国家利益和社会公共利益，维护社会主义核心价值观和社会公共秩序。最高人民法院在先已对与本案所涉商品包装、装潢基本相同的设计所引发的不正当竞争纠纷案件作出认定，类案的处理结论对本案具有重要的参考意义。对于存在类案的情形，检察机关在民事诉讼案件监督中应查明类案的裁判情况，确保裁判标准一致。

8. 上海今某有限公司与上海市嘉定区市场监督管理局涉侵犯注册商标专用权行政处罚非诉执行监督案

【关键词】

行政非诉执行　申请执行　准予执行　检察建议

【要旨】

检察机关在监督法院行政案件执行活动时，对于不符合法定申请强制执行条件但被法院裁定准予执行的行政处罚决定，且该结果归因于行政机关的申请行为和法院的审查行为，可以同时向法院和行政机关制发检察建议，强化同步监督。

【基本案情】

2022 年 2 月 28 日，上海市嘉定区市场监督管理局（以下简称嘉定区市场监管局）对上海今某有限公司（以下简称今某公司）侵犯注册商标专用权的行为作出行政处罚，责令其立即停止侵权行为、没收侵权商品及罚款人民币 131275.55 元，并将上述行政处罚决定书依法送达今某公司。

2022 年 7 月 28 日，嘉定区市场监管局以今某公司未履行缴纳罚款义务为由向其电子送达《行政处罚决定履行催告书》。同年 9 月 1 日，今某公司向上海市嘉定区人民法院（以下简称嘉定区法院）提起行政诉讼，法院于 10 月 10 日立案受理。同年 11 月 24 日，嘉定区市场监管局向嘉定区法院申请强制执行上述行政处罚决定。法院受理执行申请后，于 12 月 16 日裁定准予强制执行。

【检察机关履职情况】

上海市嘉定区人民检察院（以下简称嘉定区检察院）依法履行检察监督职责时发现，在嘉定区市场监管局申请强制执行对今某公司所作行政处罚决定前，该公司已在法定期间内向嘉定区法院提起行政诉讼，但法院仍受理强制执行申请并作出准予执行裁定。嘉定区检察院遂就该线索依法启动监督程序。

检察机关重点开展以下工作：一是调取相关案卷材料。经向嘉定区法院查明，今某公司于 2022 年 9 月 1 日就行政处罚决定向嘉定区法院提起行政诉讼，法院于 10 月 10 日立案受理，嘉定区市场监管局于同月 30 日作为行政诉讼被告应诉答辩。二是调取相关民事判决。经调查，2020 年 6 月 12 日今某公司因生产、销售的建材扣板侵犯上海某建材科技公司的注册商标专用权，被法院判决构成商标侵权。今某公司将商标标识稍作修改后继续生产销售，被嘉定区市场监管局查获并作出上述行政处罚决定。三是召开案例研讨会。检察机关联合嘉定区法院、嘉定区市场监管局召开案例研讨会，了解到因嘉定区市场监管局内部由不同部门分别承担行政诉讼应诉和申请非诉执行的职能，部门间缺乏信息互通机制，故导致发生本案的情况。

检察机关经审查后认为，行政强制法第五十三条规定“当事人在法定期限内不申请行政复议或者提起行政诉讼，又不履行行政决定的，没有行政强制执行权的行政机关可以自期限届满之日起三个月内，依照本章规定申请人民法院强制执行”。行政诉讼法第九十七条规定“公民、法人或者其他组织对行政行为在法定期限内不提起诉讼又不履行的，行政机关可以申请人民法院强制执行，或者依法强制执行”。今某公司在法定期限内已就具体行政行为向法院提起行政诉讼，市场监管部门明知相关情况仍申请法院强制执行，违反上述规定。《最高人民法院关于适用〈中华人民共和国行政诉讼法〉的解释》第一百六十条第一款规定："人民法院受理行政机关申请执行其行政行为的案件后，应当在七日内由行政审判庭对行政行为的合法性进行审查，并作出是否准予执行的裁定。"法院已受理今某公司提起的行政诉讼，同时又裁定准予嘉定区市场监管局提出的强制执行申请，违反上述规定。

2023 年 2 月 21 日，嘉定区检察院就该案向嘉定区法院制发检察建议书，建议撤销准予执行的裁定，并加强非诉执行申请的审查工作，强化案件信息关联检索，防止出现"边审边执"的情况。同时，嘉定区检察院就行政机关违法申请强制执行的行为，向嘉定区市场监管局制发检察建议书。

嘉定区市场监管局收到检察建议后，推动整改落实。一是全面摸排 2021 年以来申请强制执行案件，梳理对比行政诉讼与非诉执行案件重合的情况。二是健全内部信息互通机制，加强执法监督管理部门与相关业务部门间的横向沟通，完善申请强制执行案件报批、审批工作。三是充分发挥法制部门协调指导作用，督促相关部门落实好行政诉讼应诉等工作。四是制定《关于落实行政处罚申请法院强制执行程序规定的通知》，进一步明确申请法院强制执行行政处罚决定的前提条件及内部审批流程等。

2023 年 2 月 23 日，嘉定区法院回函采纳检察机关的建议，撤销原裁定，并同意嘉定区市场监管局撤回非诉强制执行申请。嘉定区检察院与嘉定区法院联合开展行政非诉执行专项活动，对近 5 年来嘉定区法院办理的行政非诉执行案件进行梳理排查，嘉定区法院专门制定行政非诉执行案件受理审查流程。同时，检法两家对全区行政执法机关进行走访调研，全面摸排辖区内行政非诉执行案件启动、受理等情况，及时督促存在类似问题的两家行政机关纠正违法行为，并建议部分行政机关完善内部办案机制，避免出现类似情形。

【典型意义】

（1）依法履职，加强对行政非诉执行的监督。行政非诉执行监督是检察机关的一项重要职责，《人民检察院行政诉讼监督规则》第一百零八条规定："人民检察院对人民法院行政案件执行活动实行法律监督。"行政非诉执行是指行政机关作出行政决定后，行政相对人在法定期限内不申请行政复议或提起行政诉讼，经催告后仍不履行确定的义务，没有强制执行权的行政机关向法院申请强制执行，法院经受理、审查作出裁定准予行政机关强制执行或直接采取强制措施予以执行，从而使行政机关的行政决定内容得以实现的制度。行政非诉执行检察监督的开展，有利于促进相关机关依法执行和依法行政。

（2）能动履职，强化对司法和行政的同步监督。检察机关在监督法院行政案件执行活动时，应同步审查行政机关是否存在违法申请的情形。对于不符合法定强制执行申请条件但被法院裁定准予执行的行政处罚决定，且该结果归因于行政机关的申请行为和法院的审查行为，为保证法律适用的准确性，扎实推进依法行政，检察机关应强化同步监督作用。一方面，通过检察建议督促法院撤销不合法的行政非诉执行裁定，维护当事人在行政诉讼中的合法权益；另一方面，以检察建议督促行政机关纠正违法申请行为，查找分析产生违法申请行为的根源和制度漏洞，健全工作机制，推动行政检察由个案监督到类案治理。

9. "镇湖刺绣"知识产权保护行政公益诉讼案

【关键词】

非物质文化遗产　地理标志　行政公益诉讼诉前程序　社会治理

【要旨】

检察机关加强传统文化领域知识产权综合保护，以行政公益诉讼为切入口，促进行政机关依法履职，不断健全非物质文化遗产和地理标志产品的知识产权保护，推动堵漏建制、源头保护，助力传统文化发展。

【基本案情】

2006年5月20日，苏绣经国务院批准列入第一批国家级非物质文化遗产名录，遗产编号为Ⅶ-18。江苏省苏州市虎丘区镇湖街道是苏绣的主要发源地，2010年“镇湖刺绣”被列为国家地理标志产品保护。2023年初，多名绣娘通过“苏绣检察服务中心”“苏绣E检通”微信小程序向检察机关反映苏绣知识产权纠纷频发，主要表现为机绣冒充手工绣充斥市场，苏绣产品外观设计专利权纠纷和苏绣底稿著作权纠纷频发。上述情况不仅损害消费者合法权益，也严重影响绣娘创作、企业经营和苏绣产业发展，不利于国家非物质文化遗产和地理标志的保护和传承，社会公共利益受到侵害。

【检察机关履职情况】

江苏省苏州市虎丘区人民检察院（以下简称虎丘区检察院）经线索研判后认为，苏绣作为国家级非物质文化遗产，是中华民族传统文化的重要组成部分。“镇湖刺绣”是国家地理标志产品，是保护和传承优秀传统文化的鲜活载体。2023年4月18日，虎丘区检察院对苏绣保护问题以行政公益诉讼立案。

检察机关经调查查明，苏绣在著作权、商标、外观设计专利、地理标志等知识产权方面存在保护难的问题。虎丘区检察院向苏州高新区（虎丘区）市场监督管理局（知识产权局）（以下简称虎丘区市场监管局）制发行政公益诉讼检察建议，建议其对销售伪劣苏绣产品行为进行查处，加强“镇湖刺绣”地理标志保护工作，加大对苏绣非物质文化遗产的保护力度。虎丘区市场监管局收到检察建议后高度重视，对辖区内机绣冒充手工绣、生产不符合《地理标志产品镇湖刺绣》标准的行为加大查处力度，完善苏绣知识产权侵权行为投诉举报机制，警告、约谈相关商户9次，调解绣娘间知识产权交易纠纷5起，维护辖区苏绣市场交易秩序。

为加强源头治理，提升行业自律水平和依法维权意识，虎丘区检察院通过社会治理检察建议推动镇湖刺绣协会加强刺绣市场管理及知识产权保护，着力打造镇湖刺绣知名品牌。镇湖刺绣协会高度重视，全面排查苏绣知识产权权属情况，利用苏绣版权交易平台，鼓励苏绣创作者开展版权登记，总结苏绣的惯常设计，做好专利申请和维权。镇湖刺绣协会先后帮助协会成员申请注册商标27件、发明专利20件、外观设计专利近百件，同时发挥行业协会的优势，积极采用调解、和解方式解决知识产权纠纷，提高权利人依法维权意识，加大普法宣传力度，提升行业自律水平。

在办案中，虎丘区检察院通过调研发现苏绣保护中面临的难点、堵点问题，牵头协调行政机关及行业协会共同制定《关于促进镇湖苏绣产业发展的若干意见》，推动建立全区“苏绣品牌法治保障中心”，强化各方在司法联动、行刑衔接、协同保护等方面的协作力度。同时，虎丘区检察院制定出台《加强苏工苏作知识产权保护工作指引》，助推优秀传统文化的保护传承和创新发展。

【典型意义】

（1）以公益诉讼案件为切入，保护非物质文化遗产和地理标志产品。非物质文化遗产是国家和民族历史文化成就的重要标志，是中华优秀传统文化的重要组成部分。地理标志产品是指产自特定地域，所具有的质量、声誉或者其他特性本质上取决于该产地的自然因素、人文因素的产品。地理标志产品蕴含着区域特有的自然生态环境和历史人文因素，是对产品质量和信誉的保障。检察机关在履职中要聚焦非物质文化遗产和地理标志在保护和传承中的问题，梳理传统文化可能涉及的商标权、著作权、专利权、地理标志等不同知识产权类型受到侵害的具体表现，统筹运用多种检察职能，通过行政公益诉讼检察建议、社会治理检察建议、司法与行政执法衔接、普法宣传等多种方式，积极构建符合传统文化领域知识产权案件特点的综合履职模式，依法保护非物质文化遗产和地理标志产品。

（2）加强协同保护，促进社会治理。非物质文化遗产和地理标志产品保护需要司法机关、市场监管部门、知识产权管理部门等共同开展工作，需要协同多部门共商良策。检察机关加强知识产权综合保护，充分发挥公益诉讼协同优势，通过圆桌磋商、检察建议、会签协作机制等方式，推动各部门共同履职，实现资源共享、优势叠加，使知识产权协同保护成为传统文化产业创新发展的强大动力。充分发挥行业协会联络企业的优势作用，深入走访调查、实地调研、座谈交流，以检察建议促进提升行业治理水平，形成保护非物质文化遗产和地理标志产品的合力，营造传统文化领域知识产权保护共建、共治、共享的良好局面。

新类型疑难案例选评

原告赵某生诉被告温州市瓯海区市场监督管理局、第三人项某燕、赵某胜行政登记案

陈温丹*

【裁判要旨】

行政相对人在线享受政务服务，必然需要利用在线政务服务平台进行身份认证、电子签名等活动。人民法院在审查涉在线政务服务的行政行为时，应如何把握审查尺度，明确审查规则，是当前互联网时代行政审判需继续研究探索的重要任务之一。本案是行政相对人通过在线政务服务平台“浙里办App”参与行政活动后，对行政机关最终处理的行政行为不服所提起的行政诉讼，且行政相对人对于在线电子签名有争议，故本案的裁判结果，对利用在线政务服务进行行政管理的行政机关以及接受行政管理的行政相对人，具有一定参考价值。

【基本案情】

一审原告、二审上诉人：赵某生

* 作者单位：浙江省温州市瓯海区人民法院。

一审被告、二审被上诉人：温州市瓯海区市场监督管理局

第三人：项某燕、赵某胜

赵某生系温州市瓯海金某鞋业有限公司（以下简称金某鞋业公司）的法定代表人并占100%股权。2021年7月20日，金某鞋业公司发布《公司注销备案/公告》。同年9月13日，项某燕通过“浙里办App”经实人认证刷脸后发起金某鞋业公司注销登记申请并对《企业注销登记申请书》《公司清算报告》进行电子签名。次日，赵某生通过“浙里办App”经实人认证刷脸后对《企业注销登记申请书》《公司股东决定》《公司清算报告》进行电子签名，包括对办理注销登记委托代理人项某燕的确定。同日，温州市瓯海区市场监督管理局经审核决定准予公司注销登记。9月15日，项某燕领取《准予注销登记通知书》并缴回企业营业执照（副本）原件。2022年10月25日，赵某生以未提出相关注销申请为由，提起诉讼要求撤销具体行政行为。经审理，赵某生承认刷脸认证但否认本人录入电子签名，提出对笔迹进行司法鉴定。经法院委托，浙江汇某科技有限公司出具《数字证书签名验证报告》，赵某生的《数字证书有效性报告》显示验证结果为有效数字证书。

【裁判结果】

温州市瓯海区人民法院经审理认为，《数字证书签名验证报告》能够证明案涉《企业注销登记申请书》《公司股东决定》《公司清算报告》上“赵某生”电子签名系经赵某生本人扫脸实人认证之后录入，属于赵某生专有，且每次使用电子签名均需重新扫脸认证，故该电子签名应认定为有效可靠，与手写签名具有同等法律效力，属于赵某生的真实意思表示。赵某生作为金某鞋业公司的法定代表人委托项某燕办理注销登记手续并不违反法律规定，项某燕办理注销登记手续的法律后果应由赵某生承担。2021年9月15日，项某燕领取《准予注销登记通知书》并缴回金某鞋业公司的营业执照（副本）原件，应视为赵某生已知晓金某鞋业公司获准注销登记，故其提起本案诉讼已超过一年的法定

起诉期限。据此，裁定驳回原告起诉。

赵某生不服一审判决，提起上诉。温州市中级人民法院经审理认为，2021年9月15日，作为委托代理人的项某燕缴回金某鞋业公司营业执照副本原件并领取了《准予注销登记通知书》，可认定赵某生自此时知道或者应当知道被上诉人已准许注销登记内容。故赵某生于2022年10月25日提起本案诉讼，请求撤销被诉注销登记行为，已超过法律规定的一年的起诉期限。赵某生作为金某鞋业公司的法定代表人及唯一股东，辩称其子赵某胜拿着手机给其刷脸，其对注销登记事宜不知情，缺乏证据佐证，且不属前述法律规定的正当理由。赵某生辩称是其子在其刷脸后找别人签字，其本人没有在申请注销登记材料上进行电子签名，但仅凭口头陈述尚不能否认赵某生对刷脸并实名认证后续产生的法律后果，遂驳回上诉，维持原裁定。

[评析]

涉电子数据行政行为的司法审查路径

一、“最多跑一次”政务改革背景下电子签名认证的重要性

在政务活动中，保证传统签名的真实性一般需要两个前提，一是当事人本人到场签名，二是行政机关工作人员同时在场见证签名，两个条件同时具备，形成一份基本真实可靠的签字文本，但这样的模式无形中增加了行政管理成本和当事人本身的时间、交通成本。随着互联网时代的发展，推动“互联网+政务服务”建设，提升数字化服务能力，已成为近年来政府优化工作的重要任务，而电子签名、电子合同等作为具备基础属性的数字化工具之一，得到了政府的广泛推广。在线政务服务能够使行政管理更加高效，使人民群众参与政务时更加便捷。根据电子签名法第二条规定，电子签名，是指数据电文中以电子形式所含、所附用

于识别签名人身份并表明签名人认可其中内容的数据。根据该法第十四条规定，可靠的电子签名与手写签名或者盖章具有同等的法律效力。因此，法律赋予电子签名与传统签名功能同等的地位，明确电子签名的目的和功能与传统的手写签名一致。

二、当事人对电子签名有异议并申请司法鉴定，人民法院可不予准许

司法实践中，对传统手写签名的真实性认定，可通过文书鉴定中的笔迹鉴定进行。文书鉴定，指鉴定人运用文件检验学的理论、方法和专门知识，对可疑文件（检材）的书写人、制作工具、制作材料、制作方法、性质、状态、形成过程、制作时间等问题进行检验检测、分析鉴别和判断并提供鉴定意见的活动。文书鉴定包括笔迹鉴定、印章印文鉴定、印刷文件鉴定等。其中笔迹鉴定，包括依据笔迹同一性鉴定标准，必要时结合笔迹形成方式的检验鉴定结果，判断检材之间或检材与样本之间的笔迹是否同一人所书写或者是否出自同一人。然而，电子签名并非在传统纸质文件上书写，其形成过程，固定过程完全不同于传统的签名方式，故电子签名无法作为检材与样本之间进行比对，其比对结果对司法评判活动并无意义。根据民事诉讼法、行政诉讼法等相关法律规定，当事人申请鉴定的事项对证明待证事实无意义的，人民法院不予准许。由此，当事人对电子签名提出异议并申请司法鉴定的，人民法院可不予准许。

三、人民法院对在线政务服务平台中涉及电子签名真实性审查的初步路径

电子签名法中对电子签名定义为数据电文中以电子形式所含、所附用于识别签名人身份并表明签名人认可其中内容的数据。可见，电子签名属于特定形式的电子数据，可以根据电子数据鉴定规则进行审查、认定。《最高人民法院关于民事诉讼证据的若干规定》第九十三条规定了

对于电子数据的真实性判定，人民法院应当结合下列因素综合判断：(1) 电子数据的生成、存储、传输所依赖的计算机系统的硬件、软件环境是否完整、可靠；(2) 电子数据的生成、存储、传输所依赖的计算机系统的硬件、软件环境是否处于正常运行状态，或者不处于正常运行状态时对电子数据的生成、存储、传输是否有影响；(3) 电子数据的生成、存储、传输所依赖的计算机系统的硬件、软件环境是否具备有效防止出错的监测、核查手段；(4) 电子数据是否被完整地保存、传输、提取，保存、传输、提取的方法是否可靠；(5) 电子数据是否在正常的往来活动中形成和存储；(6) 保存、传输、提取电子数据的主体是否适当；(7) 影响电子数据完整性和可靠性的其他因素。人民法院认为有必要的，可以通过鉴定或者勘验等方法，审查判断电子数据的真实性。根据电子签名法第十三条规定，电子签名同时符合下列条件的，视为可靠的电子签名：(1) 电子签名制作数据用于电子签名时，属于电子签名人专有；(2) 签署时电子签名制作数据仅由电子签名人控制；(3) 签署后对电子签名的任何改动能够被发现；(4) 签署后对数据电文内容和形式的任何改动能够被发现。当事人也可以选择使用符合其约定的可靠条件的电子签名。由于电子签名生成后一般都存储在特定平台（如本案的在线政务服务平台“浙里办App”），用于随时签署数据电文用，因此，审查电子签名是否可靠，应着重审查电子签名的生成是否系签名人真实意思，电子签名生成后是否被篡改，签署在数据电文中的电子签名是否与签名人预留的电子签名一致，且系签名人签署在数据电文中。因此，对于本案的处理，人民法院选择由平台登记的电子签名技术服务商出具《数字证书签名验证报告》，以及由电子认证服务提供者华某电子认证有限责任公司出具《数字证书有效性报告》，对当事人的电子签名的可靠性进行审查评判。如果仍无法判断电子签名及签署后的电文数据是否真实有效，人民法院也可委托专门鉴定机构运用信息科学与技术和专门知识，对电子数据的存在性、真实性、功能性、相似性等专门性问题进行检验、分析、鉴别和判断并提供鉴定意见。如对该电子签名在计算机系统或网络平台中的数据生成、用户操作、内容关联等进行分析，并依据相应验证算法对电子签名的真实性或修改情况进行验证。总而言之，数字技术的不断发展和广泛应用促进政府工作接入数字技术以进行数字化转型，“数字法治政府”成为必然趋势。人民法院行政审判亦应同步转型深化，本案即就审查涉电子数据行政行为的基本路径进行有效探索，并借此希望形成可广泛推广适用的审判经验，为“数字法治政府”建设和规范提供有力司法保障。

林某某诉瑞安市人力资源和社会保障局、瑞安市人民政府基本养老保险待遇认定和规范性文件审查及行政复议案

车　乔[*]　张露伟[**]　李　伟[***]

【裁判要旨】

虽然行政诉讼法规定人民法院可以对国务院部门的规范性文件进行审查，但对于在全国范围内适用的政策性文件，司法审查必须秉持谦抑性，否则将有司法过多介入行政之嫌疑。并且，瑞安市人民法院曾致函人力资源和社会保障部（以下简称人社部），得到答复确认劳社厅函

* 作者单位：浙江省温州市中级人民法院。
** 作者单位：浙江省瑞安市人民法院。
*** 作者单位：浙江省瑞安市人民法院。

〔2001〕44 号、劳社厅〔2003〕315 号中有关服刑及羁押期间停发养老金、不参与养老金调整等规定确实仍属有效规定，人社部也对制定沿革作出合理解释，现无证据表明上述文件制定存在超越职权或明显违反法定程序情形，上述文件可以作为本案瑞社保稽决（2021）8 号《瑞安市社会保险稽核意见决定书》（以下简称被诉稽核决定）的适用依据。

【基本案情】

一审原告、二审上诉人：林某某

二审被告、二审被上诉人：瑞安市人力资源和社会保障局（以下简称瑞安市人社局）、瑞安市人民政府

原告（上诉人）林某某诉称：原告于 2012 年 5 月 16 日被浙江省瑞安市人民法院判处有期徒刑 2 年 9 个月（刑期自 2012 年 2 月 22 日至 2014 年 8 月 9 日），目前原告已经接受劳动改造并回归社会。瑞安市人社局作出的被诉稽核决定认定事实不清、法律适用错误，理由如下：（1）被告自述的养老金问题发生在 2011 年至 2014 年期间，早已过追诉时效；（2）原告于 2012 年 2 月 22 日至 2014 年 8 月 9 日实际判处的是缓刑，并不适用停发养老金及社保待遇的规定。故原告向瑞安市人民政府申请行政复议，瑞安市人民政府错误地维持了被诉稽核决定。请求法院判令：（1）撤销被告瑞安市人社局作出的被诉稽核决定，并责令其重新作出处理；（2）撤销被告瑞安市人民政府作出的温瑞政复（2021）209 号《行政复议决定书》；（3）对稽核决定适用的浙劳险〔1995〕221 号、浙劳社厅字〔2004〕296 号、劳社厅函〔2003〕315 号、劳社厅函〔2001〕44 号、浙人社函〔2010〕358 号等文件进行合法性审查。

被告（被上诉人）瑞安市人社局辩称：被诉稽核决定适用的有关规范性文件涉及内容均未违反法律法规的规定，合法有效，可以作为被诉稽核决定的依据。被诉稽核决定中载明“浙劳险〔1995〕221 号”文件与本案无关联性，属笔误。故请求法院驳回原告的诉讼请求。

被告（被上诉人）瑞安市人民政府辩称：被告瑞安市人社局依据

法律规定及相关文件，对原告的养老保险进行核定，并作出被诉稽核决定，事实清楚，法律适用无误。复议程序符合法律规定。故请求法院驳回原告的诉讼请求。

法院经审理查明：原告系瑞安瑞申汽配有限公司职工，于2005年3月19日退休，核定基本养老金为578.2元，自2005年5月起计发，之后原告陆续领取养老金待遇并参与年度退休人员养老金调整。2011年，原告因涉嫌聚众扰乱社会秩序罪，于7月3日被刑事拘留，同年7月27日被逮捕，10月14日被取保候审，2012年2月22日被逮捕，同年5月16日被瑞安市人民法院判处有期徒刑两年九个月（刑期自2012年2月22日起至2014年8月9日止），于2013年6月8日被予以假释（假释考验期自2013年6月8日起至2014年8月9日止）。2021年8月26日，被告瑞安市人社局作出被诉稽核决定，主要内容如下：依据（2012）温瑞刑初字第766号刑事判决书、（2012）浙温刑终字第574号刑事裁定书、（2013）金监字第863号假释证明书等法律文书，核查到杜某某因此案于2011年7月3日被刑事拘留，2011年7月27日被逮捕，2011年10月14日被取保候审，2012年2月22日被逮捕，2012年5月16日被瑞安市人民法院判处有期徒刑两年九个月（刑期自2012年2月22日起至2014年8月9日止），后于2012年6月26日被温州市中级人民法院终审裁定维持原判，2013年6月8日被予以假释（假释考验期自2013年6月8日起至2014年8月9日止）。根据劳动和社会保障部令第16号令、浙劳险〔1995〕221号、浙劳社厅字〔2004〕296号、劳社厅函〔2003〕315号、劳社厅函〔2001〕44号、浙人社函〔2010〕358号等文件规定，企业退休人员在管制、取保候审、缓刑处分、监外执行、假释期间可以享受基本养老金，但不参与养老金调整（可以按被判刑前的标准继续发放基本养老金，但不参与基本养老金调整）；退休人员因涉嫌犯罪在羁押期间，其基本养老金暂停发放。瑞安市人社局按上述规定核实林某某的社会保险待遇：（1）2011年8月至2011年10月及2012年3月至2013年6月不享受养老金待遇；（2）2012

年、2013 年、2014 年不应参与年养老金调整；截至 2021 年 8 月，多领取的养老金累计 86482. 4 元。综上所述，作出以下决定：(1) 对林某某的养老金予以核算，调整后的养老金 2342. 6 元/月，从 2021 年 9 月起执行。(2) 责令林某某在收到被诉稽核决定后 10 个工作日内退还多领取的养老金累计 86482. 4 元。该决定于同年 8 月 31 日送达原告，原告不服，于 9 月 3 日向瑞安市人民政府申请行政复议，瑞安市人民政府同日受理后于 10 月 14 日作出温瑞政复（2021）209 号《行政复议决定书》并于同月 25 日送达原告，维持了被诉稽核决定。原告遂于同年 11 月 1 日向瑞安市人民法院提起行政诉讼。

【裁判结果】

浙江省瑞安市人民法院一审经审理认为：关于规范性文件的合法性问题，我国养老保险法律制度起步较晚，虽经多年发展，基本建立了较健全的养老保险制度，但法律体系尚不健全，更多需依赖政策实施。人社部作为国务院养老保险业务主管部门，具有对养老保险制度制定具体政策并在全国范围实施、适用的法定职权。关于服刑人员停发养老金待遇等规定，最早见于 1978 年 7 月 11 日《国家劳动总局关于贯彻执行〈国务院关于工人退休、退职的暂行办法〉的若干具体问题的处理意见（草案）》，该处理意见规定“退休、退职工人因为违犯法纪被判处徒刑的时候，在服刑期间应该停止享受各项退休、退职待遇”。1991 年国务院发布的《关于企业职工养老保险制度改革的决定》（国发〔1991〕33 号）中再次明确“职工退休后的基本养老金计发办法不作变动”，也即沿用 1978 年的《国务院关于工人退休、退职的暂行办法》及上述处理意见。劳社厅函〔2001〕44 号、劳社厅函〔2003〕315 号文件中涉及本案的“服刑期间停发养老金，并参加以后的基本养老金调整”“涉嫌犯罪在押未定罪期间停发养老金”“假释期间不参与基本养老金调整”等规定，考虑了历史衔接，符合当前养老保险制度政策现状，也并未违反养老保险立法精神，浙江省人力资源和社会保障厅落实国家政策规定、结合自身情况参照适用，并无不当。对于在全国范围内适用的政策性文件，司法审查必须秉持谦抑性，否则将有司法过多介入行政之嫌。况且，本院曾致函人社部，得到答复确认劳社厅函〔2001〕44号、劳社厅函〔2003〕315号中有关服刑及羁押期间停发养老金、不参与养老金调整等规定确实仍有效，人社部也对制定沿革作出合理解释；同理，浙江省人力资源和社会保障厅作为我省养老保险业务主管部门，制定的浙劳社厅字〔2004〕296号、浙人社函〔2010〕358号文件中的相关规定是落实原劳动社会保障部的政策性文件规定。现无证据证明上述文件制定存在超越职权或明显违反法定程序情形，适用本案中的相关条文也没有在国家政策规定的基础上减损当事人权益，故可作为本案被诉稽核决定的适用依据。

瑞安市人民法院于2022年7月28日作出（2021）浙0381行初222号判决，驳回林某某的诉讼请求。

宣判后，林某某提出上诉，温州市中级人民法院于2022年11月22日作出（2022）浙03行终1008号行政判决，驳回上诉，维持原判。

［评析］

对缺乏上位法明确依据的行政规范性文件进行附带性审查应持积极态度行克制审查

一、行政规范性文件的概念和分类

（一）行政规范性文件的概念

《国务院办公厅关于加强行政规范性文件制定和监督管理工作的通知》（国办发〔2018〕37号）对规范性文件的定义为“除国务院的行政法规、决定、命令以及部门规章和地方政府规章外，由行政机关或者经法律、法规授权的具有管理公共事务职能的组织（以下简称行政机关）依照法定权限、程序制定并公开发布，涉及公民、法人和其他组织权利义务，具有普遍约束力，在一定时期内反复适用的公文”。

从国务院办公厅的释义可以归纳出行政规范性文件的特征为：（1）制定主体为行政机关或者经法律、法规授权的具有管理公共事务职能的组织；（2）适用对象为外部的、非特定的；（3）内容关涉到适用对象的权利义务；（4）具有普遍约束力且一定期限内能被反复适用。

（二）行政规范性文件的分类

根据行政诉讼法第五十三条的规定，区分发布文件的主体不同，可以把行政规范性文件分为两类：一类是政府类规范性文件，即除国务院之外，由地方各级人民政府制定的规范性文件；另一类是部门类规范性文件，即由国务院部门以及各级人民政府部门制定的规范性文件。

由于本案涉及的就是对国务院部门制定的规范性文件的审查，有必要对国务院部门制定的规范性文件的地位进行分析。地方各级人民代表大会和地方各级人民政府组织法第八十三条规定：“省、自治区、直辖市的人民政府的各工作部门受人民政府统一领导，并且依照法律或者行政法规的规定受国务院主管部门的业务指导或者领导。自治州、县、自治县、市、市辖区的人民政府的各工作部门受人民政府统一领导，并且依照法律或者行政法规的规定受上级人民政府主管部门的业务指导或领导。”国务院部门与各级地方人民政府相应部门在业务上存在指导或者领导关系，对于相同事项的规范而言，国务院部门制定的规范性文件对于下级相关部门起到指导或者领导的作用，国务院部门制定的规范性文件效力也相对高于各级人民政府制定的规范性文件，但效力在法律、法规、规章之下。

二、对行政规范性文件进行附带审查的路径

《最高人民法院关于适用〈中华人民共和国行政诉讼法〉的解释》

(法释〔2018〕1号)用一章共七条规定了法院如何对规范性文件进行审查。对照条文,对司法解释给出的路径可以归纳为:识别是否为规范性文件—判断规范性文件是否为被诉行政行为的依据—审查规范性文件是否合法。

(一)规范性文件的识别

对规范性文件的识别又被称为被申请审查的对象是否具备可审查性,经识别属于上文论述的规范性文件范围的,则可审查,否则不予审查。

具体到本案中的劳社厅函〔2001〕44号、劳社厅函〔2003〕315号、浙劳社厅字〔2004〕296号、浙人社函〔2010〕358号规范性文件,劳社厅函〔2001〕44号、劳社厅函〔2003〕315号属于人社部为贯彻养老保险制度而制定的规范,内容包括停发服刑人员的养老保险待遇,属于国务院部门制定的规范性文件,而浙劳社厅〔2004〕296号、浙人社函〔2010〕358号则为省级养老保险业务主管部门落实原劳动社会保障部的政策性文件规定而制定的省级部门规范性文件,属于可审查范围。

(二)规范性文件是否为被诉行政行为依据

规范性文件是否为被诉行政行为依据,在学理上也被称为判断规范性文件与行政行为是否具有关联性。法院有必要独立审查行政规范性文件的关联性,既排除事实上与争讼行为无关的对象,也要刺透行政机关掩盖真实行为依据以逃避司法审查的借口。[①] 法院启动审查程序后,是对整部行政规范性文件进行审查还是就其中的相关条款进行审查呢?有

① 参见李成:《行政规范性文件附带审查进路的司法建构》,载《法学家》2018第2期。

学者以行政诉讼法为据，主张法院对整部规范性文件展开“全面审查”。[①] 而法释〔2018〕1号第一百四十八条第一款规定从“作出行政行为所依据的条款和相关条款”进行，也就是说作为行政行为依据的自然是具有特定名称的规范性文件，即规范性文件整体，但是，所谓作为行政行为的“依据”是指该规范性文件直接对行政行为产生规范效力的部分。[②]

本案中，法院审查的即为案涉规范性文件中本质上影响行政行为作出的部分，即“服刑期间停发养老金，并参加以后的基本养老金调整”“涉嫌犯罪在押未定罪期间停发养老金”“假释期间不参与基本养老金调整”等规定。被告瑞安市人社局正是依据了以上条款责令原告退还多领取的养老金。

（三）审查规范性文件是否合法

法释〔2018〕1号第一百四十八条第一款规定了法院可以从“制定机关是否超越权限或者违反法定程序、作出行政行为所依据的条款及相关条款方面”进行，第二款则详细列举了规范性文件不合法的表现形式，究其根本，不外乎主体、内容和程序这三个方面。

1. 主体

确定规范性文件制定主体是否合法的判断依据是确定“规范性文件所针对的事项是否属于该主体的主管范围”。

根据社会保险法第七条“国务院社会保险行政部门负责全国的社会保险管理工作……县级以上地方人民政府社会保险行政部门负责本行政区域的社会保险管理工作”的规定，人社部为国务院养老保险业务主管部门；再根据《全国人民代表大会常务委员会关于加强法律解释

① 参见黄学贤：《行政诉讼中行政规范性文件的审查范围探讨》，载《南京社会科学》2019年第5期。

② 参见朱芒：《规范性文件的合法性要件——首例附带性司法审查判决书评析》，载《法学》2016年第11期。

工作的决议》第三条的规定，法律法令的应用解释属于国务院及其主管部门，以规范性文件的方式对主管事项的解释也属于其本身的主管事项，而劳社厅函〔2001〕44号、劳社厅函〔2003〕315号规定的养老保险待遇尤其是服刑人员养老金待遇事项属于人社部，因此，劳社厅函〔2001〕44号、劳社厅函〔2003〕315号规范性文件的制定主体是合法的。同理，省人社厅作为省养老保险业务主管部门，制定的浙劳社厅字〔2004〕296号、浙人社函〔2010〕358号文件中的相关规定是落实原劳动社会保障部的政策性文件规定。该两份规范性文件的制定主体合法。

2. 程序

程序审查需要法院介入到行政规范性文件制定的全过程之中去考量，而如何获取行政规范性文件制定过程的相关信息，对法院来讲一般不是一件易事。所幸法释〔2018〕1号第一百四十八条第二款第四项采取的是“严重违反制定程序”这一较为宽松的标准，案涉规范性文件为公开发布，且无明显证据证明其未履行法定批准程序，故涉案规范性文件制定程序合法。

3. 内容

法释〔2018〕1号第一百四十八条第二款第二项“与法律、法规、规章等上位法的规定相抵触”体现了强烈的“有法必依”的逻辑，然而本案的特殊性体现在我国养老保险法律制度起步较晚，虽然经过近多年的改革与发展，基本建立了较为健全的养老保险制度，但法律体系尚不健全，养老保险制度更多地还需依赖政策实施，没有法律法规直接对退休职工涉嫌犯罪后服刑抑或是假释、缓刑期间基本养老金领取以及养老保险待遇调整作出规定，在“无法可依”的情形下，法院是否能仅以缺乏上位法依据为由否定行政规范性文件的合法性？

从判决书说理部分可以看出，在上位法缺位的情形下，案件受理法院并没有直接否定案涉行政规范性文件的合法性，而是从涉案规范性文件制定主体是否具有法定职权范围入手，肯定了规范性文件主体合法的情形下，并从历史沿革、当前政策现状的角度分析出案涉规范性文件中相关条款符合当前养老保险制度政策现状，也并未违反养老保险立法精神，故肯定了涉案规范性文件的合法性。

三、缺乏上位法明确依据的规范性文件的适度审查

笔者认为本案最为特殊也最具典型意义之处就在于，在无法找到赖以作出判断的直接而明确的上位法依据的情形下，法院没有回避对案涉规范性文件进行审查，也没有放弃对规范性文件进行审查，对于实践中行政立法供给不足情形下却大量存在的规范性文件的司法审查提供了除放弃审查或是直接承认规范性文件效力之外的另一种审查路径的选择，体现了对审查中“度”的把握。因此，接下来我们将讨论在类似的缺乏上位法依据的情况下法院如何将积极审查与司法谦抑二者有机融合。

（一）何为缺乏上位法明确依据

如何判断上位法有无明确依据，是规范性文件进行审查前法官必须解决的棘手问题。概而论之，当上位法已就下位法所涉政策或价值问题作出选择或者上位法用清晰的语言直接授权行政机关就某事项行使裁量权时，可以认定上位法明确。①

本案中上位法授权国务院社会保险行政部门负责全国的社会保险管理工作，这种授权过于宽泛，虽可以肯定案涉规范性文件制定主体的地位，但授权的范围并非具体而明确，亦无其他上位法就具体事项所涉政策或价值问题作出选择或者直接授权其行使裁量权，通过对上位法和案涉规范性文件争涉内容这两者进行考察，可以认定案涉规范性文件无明确上位法依据。

---

① 参见俞祺：《上位法规定不明确之规范性文件的效力判断》，载《华东政法大学学报》2016年第2期。

（二）缺乏上位法明确依据引发的效力争议

现代行政法治理体系中存在大量上位法规定不明确的规范性文件，法院在缺乏明确立法指引的情形下如何判断这些规范性文件的效力是理论以及实践上无法回避的问题。

在学术界，学者们关于缺乏上位法明确规定而产生的效力判断也众说纷纭。有的学者认为行政规范性文件的内容不应与上位法抵触，凡相抵触的，原则上不具有法律效力。[①] 持这一观点的学者认为实践中存在的规范性文件即使没有上位法规定也是有效的，只有在其与上位法抵触的情形下规范性文件才被判定为无效。有的学者认为在缺乏上位法规定的情形下，法院应当根据宪法、法律、法规的原则和精神，对该行政规则的合法性加以审查，作出是否适用的选择；[②] 即使缺乏上位法明确依据，也要根据法律原则或者精神对其进行把握。还有的学者认为，在没有明显违法或者违背上位法精神的情形下，法院应当出于对专门行政知识经验、长久行政管理和政策的尊重，或出于保障私人平等权利或私人正当利益最大化等法律原则的考量，认可这些行政规则作为裁判依据的效力。[③]

实践中，这也是导致法院对行政规范性文件的审查效果不佳的重要原因——在审查中未发现被诉行政行为据以作出的行政规范性文件有赖以依据或者参照适用的法律、法规、规章，且行政规范性文件制定主体级别较高的情形下，有的法院为了尽可能减轻诉讼程序的额外负累，以规范性文件“不与上位法相抵触”为由轻松逃脱本该有的司法审查[④]，有的法院则断然以缺乏上位法依据为由直接否定该规范性文件的效力。

① 参见廖希飞：《论行政规定在行政诉讼中的效力》，载《行政法学研究》2011年第2期。

② 参见董皞：《论行政审判对行政规范的审查与适用》，载《中国法学》2000年第5期。

③ 参见沈岿：《解析行政规则对司法的约束力——以行政诉讼为论域》，载《中外法学》2006年第2期。

④ 参见（2005）衡中法行终字第77号行政判决书。

（三）“度”的精妙——持积极态度行克制审查

第一，不得采取消极规避策略直接放弃审查，单采取“不抵触”标准直接以“与上位法不存在冲突”为由回避对于案涉规范性文件的审查而直接适用，这样不仅没有起到行政诉讼法保护行政相对人合法权益的作用，也没有达到监督行政机关依法行使职权的立法目的。应采取积极的态度和行动，对于规范性文件中规定的无上位法明确依据的事项，从其是否与上位法的原则、精神相违背进行考量，辅之相关政策的历史沿革与现实的衔接要素考察。尤其是规范性制定机关层级较高的情形下，法院更不得规避审查，可以采取像本案中法官致函制定机关并听取意见的方式，为法院的裁判提供参考。

第二，在立法机关没有提供充足规则的情况下，应当运用适切的标准对规章条文进行合法性判断，司法机关不能以自己的判断代替制定机关的判断，而应结合政策实际运行需要，在未发现存在违背上位法的原则与精神的情形下，保持一定程度的克制。

最新法律文件解读丛书

稿　约

最新法律文件解读丛书是一套以为最新法律规范提供同步“解读”为主的系列丛书，分为刑事、民事、商事、行政与执行4个分册，按月出版。

本丛书以“解读”为重点，突出全、专、新、快、准等特点，通过对最新出台的法律、法规、司法解释、部门规章以及重要地方性法规进行同步动态解读，弥补了法律、法规、司法解释汇编类出版物没有同步阐释、解读内容的不足，为广大读者学习理解最新法律规范，正确贯彻执行法律文件，及时解决实践中的新情况、新问题，提供一个全方位、多层面的法律信息平台。

欢迎您向以下栏目赐稿：

【最新法律文件解读】主要是对最新颁行的法律文件进行解读，帮助司法和执法人员正确理解法律文件的立法背景、意义、重点内容、在适用中应注意的问题、与相关法律文件的衔接与互动关系等。

【司法实务问题研究】主要刊登对司法理论、实务及司法管理工作中的热点、疑难问题进行研究及评论的文章。

【新类型疑难案例选评】主要是对司法和行政执法实践中具有典型性和代表性的疑难案例，结合具体案情以及审理或处理结果进行简练精辟的点评，解析认识问题的方法、处理问题的法律依据和在个案中的具体适用。

【法学前沿与新视点】以摘要的形式刊登相关法学理论研究的最新动态及具有代表性和典型性的前沿问题，扩展法学研究的深度和广度。

【法律适用问题解答】主要针对司法和行政执法实践中面临的新问题、热点问题、疑难问题进行简要的解答，指出涉及的法律关系，明确法律适用依据。

稿件一经刊用即付稿酬，稿酬从优。

《刑事法律文件解读》　杨晓燕　邮箱：5184621@qq.com

《民事法律文件解读》　杨　洁　邮箱：1216921515@qq.com

《商事法律文件解读》　路建华　邮箱：shangshijiedu@126.com

《行政与执行法律文件解读》　赵杰琼　邮箱：1092123089@qq.com

人民法院出版社

最新法律文件解读丛书编辑部

人民法院出版社 2024 年连续出版物

中国审判指导丛书

1.《刑事审判参考》

最高人民法院刑事审判第一庭、第二庭、第三庭、第四庭、第五庭共同主办。全年 6 辑,每辑 68.00 元,共 408.00 元。

2.《民事审判指导与参考》

最高人民法院民事审判第一庭编。全年 4 辑,每辑 68.00 元,共 272.00 元。

3.《商事审判指导》

最高人民法院民事审判第二庭编。全年 2 辑,每辑 68.00 元,共 136.00 元。

4.《立案工作指导》

最高人民法院立案庭编。全年 2 辑,每辑 68.00 元,共 136.00 元。

5.《审判监督指导》

最高人民法院审判监督庭编。全年 2 辑,每辑 68.00 元,共 136.00 元。

6.《知识产权审判指导》

最高人民法院民事审判第三庭编。全年 2 辑,每辑 68.00 元,共 136.00 元。

7.《涉外商事海事审判指导》

最高人民法院民事审判第四庭编。全年 2 辑,每辑 68.00 元,共 136.00 元。

8.《中国少年司法》

最高人民法院少年法庭指导小组编。全年 4 辑,每辑 68.00 元,共 272.00 元。

9.《执行工作指导》

最高人民法院执行局编。全年 4 辑,每辑 68.00 元,共 272.00 元。

10.《国家赔偿与司法救助办案指导》

最高人民法院赔偿委员会办公室编。全年 2 辑,每辑 68.00 元,共 136.00 元。

最新法律文件解读丛书

《刑事法律文件解读》《民事法律文件解读》《商事法律文件解读》《行政与执行法律文件解读》

人民法院出版社编。全年 12 辑,每辑 28.00 元,共 336.00 元。

判解研究系列

1.《判解研究》

中国人民大学民商事法律科学研究中心主办,著名民法学家王利明教授主编,CSSCI 来源集刊。全年 4 辑,每辑 68.00 元,共 272.00 元。

2.《刑事法判解》

北京大学法治与发展研究院刑事法治研究中心主办,著名刑法学家陈兴良教授主编,车浩教授任执行主编。全年 2 辑,每辑 68.00 元,共 136.00 元。

3.《刑事法判解研究》

北京师范大学刑事法律科学研究院编。全年 2 辑,每辑 68.00 元,共 136.00 元。

司法从业人员案头必备权威工具书

1.《司法文件选》

最高人民法院研究室编。全年 12 辑,每辑定价 8.00 元,共 96.00 元。

2.《司法文件选解读》

最高人民法院研究室编。全年 12 辑,每辑定价 10.00 元,共 120.00 元。

3.《司法文件选(2023 年合订本)》

最高人民法院研究室编。本书定价 82.00 元。

4.《司法文件选解读(2023 年精选集)》

最高人民法院研究室编。本书定价 86.00 元。

银行汇款方式:
开户银行:工行北京国家文化与金融合作示范区金街支行
账号:0200000709004606170
开户名称:人民法院出版社有限公司
传真:010-67550541
上述图书,邮购请加 15%邮费。

邮局汇款方式:
邮编:100745
地址:北京市东城区东交民巷 27 号
联系人:人民法院出版社有限公司
咨询电话:010-67550595　67550536